中古

１８年間の経験と
区分保有４１室のデータによる

新版 １Ｒマンション 堅実投資法

超多忙なおじさんサラリーマンでも
年収８００万円アップ！

現役サラリーマン大家
芦沢 晃

はじめに

本書は2010年の暮れに出版した『中古1Rマンション堅実投資法』に最新事情を大幅加筆して新版として再び発行したものです。

改定前の前著は、熱心な読者の皆様のおかげで発売以来ロングセラーを続けていました。そんな読者や、私がサラリーマンの休日にお手伝いしている各種セミナーなどで、「ぜひ最新情報を盛り込んだ改定版を出してほしい！」とのご要望をたくさん頂いていました。そのご期待に沿うべく、編集者の方と再度検討し、新版として訂版執筆に至りました。

さて、本書のような資産運用の本をお読み頂いている読者の皆様は、日本の将来の社会保障制度に不安を持ち、国に頼らない、将来の経済的自立を目指していらっしゃる方が多いかと思います。

たしかに、会社勤めの給料と、僅かな退職金だけでは、必ず来る定年後、収入が途絶えれば、長生きして時間が経過するほど、お金が足りなくなるのは誰が計算しても答えは火を見るより明らかです。

そんな不安から、資産運用のひとつ、「収益不動産投資」を始められるサラリーマンが激増しています。おそらく日本には３００万人を超える大家さんがいらっしゃるのではないでしょうか？

このうち、こうして本を読んだり、セミナーや会合で熱心に研究＆勉強していらっしゃる方は、おそらく約１〜２％程度の３〜６万人位だと思います。

これらの方は、既に本書の内容はご経験、ご卒業済みかもしれません。

一方、それ以外の、「これから収益不動産を購入してみよう、それも、手軽に始められそうな、区分分譲マンション、いわゆる１Ｒ（ワンルーム）や区分マンションに投資してみよう。」という方も多いと思います。

たしかに、日々仕事で多忙なサラリーマンに、１Ｒや区分マンション投資は、専門知識と手間が要らなくても、運営できる点では魅力があります。

ところが、本文中でもご紹介するセミナー等でお会いする、多くのこうしたニューカマーの方々は、それに追い立てられるかのように、どう見ても、ご本人が望んでいらっしゃるのと、真逆の結果に向かって、第一歩を踏み出そうとしていらっしゃるのです。

何を隠そう、18年前の私自身が、正に其の物ズバリで、大失敗をしました。

不動産投資は、わずか一物件でも、金額が他の投資より一桁違います。

しかも、ローンが使える為、方法を間違えると、本人の意思とは関係なく、後戻りや、やり直しが出来ない事態に追い込まれる危険があります。

そうなってしまった方々の、あまりの多さに接して、不動産投資の入り口の、それも、記念すべき第一歩で、決して失敗して欲しくない。そう痛感して、本書を執筆させて頂きました。

本書は、特にターゲットを絞り、不動産投資入門者の方が、「これから、区分分譲マンション（特に1Rマンション）を購入してみよう。」というシーンを想定しています。

勿論、地方の自宅などを賃貸しておられる大家さんで、「初めて都心の1Rに投資してみよう。」という方々にもお役に立つと思います。

私も、読者の多くの方と同じ、仕事が多忙な50代のおじさんサラリーマンです！
それでもなんとかやってこられたのです！

読者の皆様と同じ立場から、18年間の投資経験とデータをもとに、皆様にぜひとも失敗しない大家さんデビューを踏み出して頂けるようアドバイスをさせていただきます。

投資は、ある意味、サバイバルゲーム、スポーツに例えれば、格闘技のようなものです。

格闘技では「負けじ魂」という言葉はありますが、「勝ち魂」という言葉はありません。

生死をかけた真剣勝負では、１００戦全勝は無理です。しかし、１度でも負ければ、それ即ち「死」です。

一方、**不動産投資の場合、勝てなくても、「引き分ければ」また出直して勝負を挑めます。**

つまり、負けなければ、何度でもチャレンジできるのです。

このように、勝って大儲けするよりも、まず、「負けないこと」が重要だと思います。

私は18年間で41室を保有・管理した、不動産投資でそれを学びました。

是非、これから大家さんを、それも1Rや区分マンションを購入しようとご検討中の皆様は、改定してさらに内容も充実した本書をご覧になられて、「負けない投資家」になって頂ければと願います。


さて、この新版での大きな改定箇所は、序章、1章、終章です。

序章では、投資の土俵となる資本主義の通貨や金利を通じて社会制度が操られる（ちょっと怖いような）仕組みをサラリーマンの切り口から独自に見てみました。

1章では、前著を執筆以降、読者のご希望が最も多かった、私が新たに投資した最新物件情報と、そこから得た教訓をご紹介させていただいています。

終章では、サラリーマン自身を人的バランスシートとして解析し、最適投資戦略を検討してみました。更に、日本の経済破綻に対応するサラリーマンの区分不動産プラスアルファ分散投資の一手法をご提案させて頂いています。

不動産投資よりも先に、その目的と家計運営を研究したい方は、序章と終章をお読み頂くだけでも十分です。

はじめに

景気回復に湧く日本ですが、不動産投資は速度が遅く結果に長期間必要で、数十年先を見通さないと必ず大きなしっぺ返しが訪れます。しかし、動きが安定なので予想は可能です。

そんなリスクヘッジのため、本書をご活用いただければ幸いです。

芦沢　晃

新版　中古1Rマンションション堅実投資法■目次

はじめに…………3

序章◆何のために不動産投資をするのか？

1　お金の世界の歴史から、カラクリを紐解く…………18
2　地球上をゴーストで暴れまわるバーチャルマネー…………19
3　サラリーマンはヨーロッパ貴族の奴隷か？…………24

1章◆私の不動産投資18年間に見る教訓集

1　爆弾付きマンションは爆発したか？…………29
2　最初の現金買いマンションは、10年で元が取れた！…………31

目次

3 借地権マンションは10年間稼ぎ頭の優等生……33
4 小規模でも立地と利回が欠点をカバー……34
5 任意売却物件の利回は全てを助ける……35
6 レディースマンションは男性可に……37
7 地方の高利回り物件のその後に学ぶ……38
8 ホテル物件の実験結果は？……40
9 22年間保有の築32年物件での実験……42
10 前作以降での私の最新物件情報とその教訓……44
11 仲介業者さんを私が仲介?!……47
12 オーナーチェンジ物件のリスク……51
13 都心物件の賃貸……54
14 都心に変身した物件……56
15 最近の社会背景からの観点……58
16 18年間で得られた経験的数値データ……61

2章◆理論価値を計算し自分のポジションを掴む

1 積算法……73
2 収益還元（DCF法）……78
3 自分の投資ポジションを明確に持つ……86
4 物件は何処から湧き出ているのか……88
5 専業大家さん（大家事業家さん）の実力は凄い……89
6 不動産投資は価値の交換ゲーム……91
コラム◆吉祥寺物件での実例◆……93

3章◆自己資金をどうする？

1 自己資金の基本戦略……97
2 サラリーマンの価値を再認識してみる……98
3 区分物件への融資は自分の将来価値の先食い……100

目次

4 時間は最大のエネルギー&パワー……101
5 自己資金をどう作る？……102

4章 ◆優等生物件より、個性アリ物件を探す

1 優等生物件の資格……111
2 自分に必要な本質価値（個性）を見極める……116

5章 ◆購入ルートの開拓方法と注意点

1 不動産業者さんの経営戦略を知っておく……123
2 物上げをご縁とする……125
3 ワンストップソリューション……126
4 投資家と業者さん、両方の視線を持ち、自分を守る……126
5 経年変化のリスクも投資家だけに降りかかる？……129
6 インターネット物件が良い場合もある……131

7 WinWinの関係構築……132
8 その不動産会社の得意な物件をお願いする……133
9 担当者に合わせてお願いする……133
10 自分視点の条件でなく、
担当者が紹介しやすい条件に噛み砕いてお願いする……134
11 エリアを調査し、地域の特徴を頭に入れておく……135

6章◆スピード重視の物件調査

1 区分はとにかくスピードが勝負……139
2 インターネットで30分以内に決断……140
3 最重要なのはインスペクション……140
4 オーナーチェンジ物件はレントロール……142
5 契約前には必ず現地を見ましょう……143
6 足の速さの考察……146

目次

7章 ◆区分物件管理の極意

1 物件に管理システムが付属している……149
2 巻き直しの戦略……152
3 部屋毎に最適メニューを選べる……155
4 ポートフォリオの管理メニューグループ化する……157
5 最新の運営状況……158

8章 ◆最近の購入物件事例

1 相模原市橋本……163
・良く知った近所で、発展中、リニア新幹線も期待
2 登戸……165
・家賃だけで利益確定可能、2路線使え、駅近を整備中
3 吉祥寺……168
・駅徒歩30分、バス便物件でも根強い賃貸

4　町田　…………170
・神奈川県西部の東京!?／ウィークリーマンション
5　浅草　…………172
・総戸数100室以上の築古物件
6　三軒茶屋　…………174
・20年間待ち続けた物件・管理室をコンバージョン
7　横浜金沢区　…………176
・お客様は駅では無く物件の隣に
8　皆様独自の方法を　…………178
コラム◆物件のリスクヘッジ・リカバリー実験◆　…………180
築33年和室タイル風呂2DKを最新タイプにリノベーション／ホテルをレジ系にコンバージョン／体験してみてポジションを決める

目次

9章 ◆トラブル事例

1 東日本大震災の被害……187
2 老朽物件の配管寿命……190
3 上階からの漏水で損害賠償……193
4 賃借法人が破産して夜逃げ……198
5 滞納様々……198

10章 ◆出口戦略考

1 個人大家の出口とは……203
2 ポートフォリオの若返り……203
3 老朽物件の実例に学ぶ……204
4 築年と累積インカムゲインの時間推移を観察して決める……212
5 区分以外との組合戦略……215

終章◆中古マンション投資が与えてくれたもの

1　現役サラリーマンの最適投資戦略研究……222
2　社会歪のうねりの中で生き抜く……230
3　ニッポン財政破綻ハイパーインフレから資産を守る……237

推薦の言葉　沢 孝史 氏……242

あとがき……246

序章

何のために不動産投資をするのか？

1　お金の世界の歴史から、カラクリを紐解く

本書をお手に取って下さった読者の方は、今よりも多くお金を得たいとのご希望があってのことと思います。

確かに、アベノミクスで活気づいた2013年春の日本では、株式投資、FX、そして本書で述べる不動産投資が勢興となってきました。

では、あなたはその「投資で得たお金」は何の為にお使いになられるのでしょうか？

ご家族の幸せの為、ご自身の老後の為、親御様の介護の為、近い将来の自己実現の資金に、サラリーマンを卒業する為の原資に、或いは自分が納得行く仕事をして生きる金銭的後ろ盾・・・。何でも良いと思います。

お金は儲けるだけでは半製品、使って初めて完成品です。

ご自身が有意義に生きる事にお金が役に立てば、こんな幸せなことはありません。

いわば、**実生活に生かされるお金**です。

2 地球上をゴーストで暴れまわるバーチャルマネー

読者も実感の通り、バーチャルマネー（ネット上の証券や通貨の世界）で、相場は暴騰していますが、自分の実生活のお金（給与や生活費）は全く変わりません。筆者のような経済の素人でも、持っている各種証券が給与や生活費とは乖離して暴騰する事実から、実際の貿易決済量の何十倍もの＄（円の終着点はアメリカ国債です）が投機マネーとなって全世界を暴れまわっているのを実感します。

ヘッジファンドの「ＰＣ＋高速自動売買ソフト」対「生身の人間生活」では、資金の規模も速度も違い過ぎるのです。現時点では**アベノミクスはこのゴーストに餌をやって太らせているだけ**なのかもしれません。

●ゴーストに生身の人間が挑む？

資本主義発展の歴史は、インフレすなわちＧＤＰ成長の歴史です。

アベノミクスは、経済成長をプラスに転じさせるため、日銀がリスク資産までをも購入し、極端な金融緩和で「円」をジャブジャブにあふれさせるというものです。

この成長分が私たち**サラリーマンに、どのように跳ね返ってくるかといえば**、株主から要求される**毎期の売り上げノルマと利益の成長**です。株主に毎期約束する数字を達成するため、万難を廃してでも予算必達が厳命されるのが、会社であり、サラリーマンです。

●ゴーストを操る黒幕の正体は?!

その株主は、昔は国内財閥系の銀行や生保で、「金は出すが口はださない」国内安定株主でした。しかし、グローバル化した近年では、従業員の知らない持株会社や、得体の知れないファンドが急増しています。

更にその株主であるファンドの実態は、リーマンショックで暴露された、あらゆる資本がミックスされた、姿の見えないゴーストとでも言うべきでしょうか?

遡れば、それを発行している銀行の株主、さらに、その大元である通貨を発行している銀行は、各国の中央銀行です。では、その株主は誰なのでしょう?

日銀株の55%は政府保有ですが、残り45%は「非公開」となっているのです。

FRBの株主を遡れば、昔のヨーロッパで王侯にお金を貸していた貴族＝ロスチャイルド家へ繋がります。日銀の45％分の株主資本も、その末裔に繋がるといわれているようです。

つまり、各国の通貨政策は、政府ではなく、一民間企業が握っています。庶民の為に運営されているのではなく、中央銀行の株主の利益が最大になるように、詰まるところ、ロスチャイルド家の末裔達に連なる資本家の利益の為に運営されているということになります。

この通貨発行権を「市民＝政府」の手に取り戻そうとした、リンカーンやケネディなど、歴代のアメリカ大統領がどうなったかの事実を見ると、背筋に冷たいものが走ります。

スタジオジブリの宮崎駿監督、初期作品に、青い瞳の可憐なヒロイン、クラリス姫が登場する「ルパン三世カリオストロの城」というアニメ映画があります。

ヨーロッパの小国カリオストロ皇国が何百年間も世界中に偽通貨を乱発し、ナポレオンの資金源となりブルボン王朝を破滅させ、ヒトラーの軍資金となり第2次大戦を巻きこした・・・。

その謎を暴こうと、潜入した密偵は一人として生還しなかった。ルパンも銭形警部

も地獄の穴に落とされてしまう・・・
これって、マイヤー・アムシェル・ロスチャイルドが5人の兄弟を英（ネイサン）、独（アムシェル）、仏（ジェームズ）、伊（カール）、オーストリア（ソロモン）各国へ赴かせて、各国中央銀行と通貨発行権を握らせた歴史とそっくりのお話ですね。（私の息子の都立高校、世界史の教科書にも書いてあります）
長男ネイサン・ロスチャイルドはナポレオンのワーテルローでの敗北を予想し、英国王室へ貸付けた資金で莫大な富を得、ヨーロッパ資本支配の磐石態勢を築いたといわれています。王室や国家への融資と、戦争による世の中の歪を利用して繁栄、成長したのがロスチャイルド家と資本主義です。

私には、1$札裏面のピラミッド上の「目」と、日銀の「日」のシンボルマークは、同じ「万物を見通すロスチャイルド家のシンボルの目」に見えてくるのですが・・・
1$札裏面のピラミッド上の目、周囲に書かれている謎のラテン語（**写真1**）「ANNUIT COEPTIS」＝「我等に同意せよ」「NOVUS ORDO SECLORUM」＝「新世界創造」は何を意味しているのでしょうか？

写真1

＄紙幣・謎のラテン語メッセージ!?

ローンを使う＝金利支払＝ロスチャイルドワールドに巻き込まれる

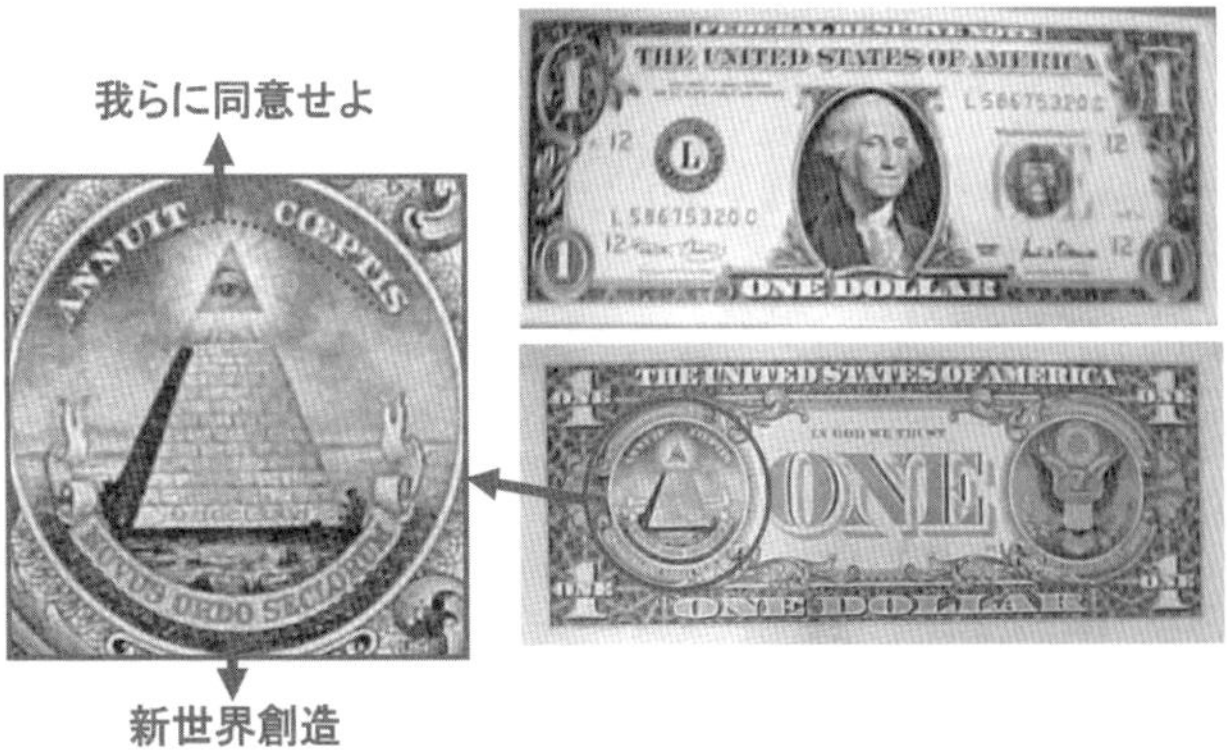

3 サラリーマンはヨーロッパ貴族の奴隷か？

それはともかくとしても、今の資本主義経済で生きる限り、わたくしたち庶民は金利を銀行＝株主へ支払うための奴隷として生きている・・・と極言できます。その金利分が経済成長をもたらしている。それが資本主義の本質です。

確かに、読者の会社も毎期利益積み増しのノルマが厳命され、わが社は行く末、どこまで大きくなろうとしているのだろうか？　と無限の成長への疑問をお感じになられるのではないでしょうか？　そんな急いで巨大に成長しても働く我々に何の幸福があるのだろうか？

それはそうでしょう。**貴族の末裔が株主を勤める邦銀は、庶民の幸せのためよりも、株主の利益が最大化するために通貨政策を執行している**のですから。

●バーチャルマネーのゴーストに翻弄されない生き方

この事実に、偉い先生方の中には、「地域通貨」を奨励なさるかたもいます。

欧州貴族の末裔に連なる、非公開の資本家が運営する中央銀行が発行する通貨の嵐に、自分達の経済が振り回されず、独立した静かで幸福な生活を守るためです。

別の見方をすれば、「銀行が現れる以前の世の中のお金の流れに戻して生活しよう。この世の中に通貨と「金＝ゴールド」の兌換を約束する代わりに、金利を庶民から搾取する銀行（の株主）の呪縛から開放されて生活しよう」・・・という仕組みです。

これらのストーリーをお読みになって、読者の皆様も色々と思い当たる節がおありではないでしょうか？

毎期の予算達成のため、早朝の満員電車で出勤し、終電で寝に帰宅するだけの生活。死ぬ思いで予算達成しても、来期はそれ以上の予算チャレンジが更に株主から降ってくる。これはエンドレスに続きます。

いっそのこと、「田舎で畑でも耕しながら自給自足、家族でのんびり暮らせないかなあ？」これ即ち、株主や銀行の呪縛がない、地域通貨です。

これを実現する具体的な方法の一つが、本書で提案する「大家さんとなって、自分自身がキャッシュ（通貨）を生み出す資産のオーナーとなり、通貨の株主である資本家のノルマの奴隷とならずに生きる。銀行から借金しなければ、利息を貢ぐ必要もなく、自分の物件内のテリトリーで、家賃と修繕費と生活費だけで回る、地域経済、究極にはプライベイト経済で生きてゆける」というわけです。

しかし、サラリーマンとしてマネー経済の成長を支えながら生きる以上、孫悟空が筋斗雲に乗って、何万里飛ぼうが、お釈迦様の掌内から出られないのと同じで、仕組まれた資本主義システムの舞台上でポジションを取り、プレイするしかないのです。その仕組みの中で、自分なりの意義を見つけるしかありません。

どんな生き方を選択するも、それは読者ご自由の権利です。

株やFXのデイトレードは、上記の資本主義バーチャルマネーに全速で会い乗りする生き方といえましょう。

しかし、バブル崩壊からITバブル、アジア通貨危機、REITバブル、リーマンショック、EUユーロショック、アベノミクスとマネーに翻弄され続けた、サラリーマン生活だったと実感される方も多いことでしょう。

銀行に頼らない、自分の手の内の現金だけによる専業大家さん生活がベストかどうかは、読者の皆様の価値観で異なりましょうが、バーチャルマネーにジェットコースターのように振り回され、ノルマの重圧に過労死寸前の過酷なサラリーマン生活に幸福が見出せるかどうかも、皆様ご自身がご判断されることと思います

1章

私の不動産投資
18年間に見る教訓集

この章では、**私が18年の間に購入した物件と、それぞれの物件の運営データ、そして、そこから得た教訓を紹介**します。

当たり前のことですが、不動産は購入することが目的ではなく、継続的にそこから収益を得ることが大切です。

長く持ち続けることで、不動産の様々な問題点が浮かび上がってくることは、よくあります。そこをいかに乗り越えるかが、不動産投資で成功するためのポイントともいえるでしょう。

本書では、それぞれの物件を購入するまでの経緯については触れていません。

興味のある方は、私の前の書籍『サラリーマン大家さんが本音で語る中古マンション投資の極意』（筑摩書房）で紹介していますので、参考にしていただければと思います。

1 爆弾付きマンションは爆発したか？

●フルローンで購入したマンションは爆弾を抱えていた

爆弾付きマンションとは、私が初めて投資目的で購入した、JR山手線鶯谷駅徒歩12分、築8年の区分ワンルームマンションです。ここでの様々な失敗が、現在の私の投資スタイルの教訓となっている記念碑的な物件です。

大きな失敗は、建物全体の積立修繕金残高が、購入時点で赤字だったということです。これを「爆弾」に例えて、このような名前を付けました。

私はこの物件を保有しながら、日本の国家財政のように（？）いつかは破綻・爆発するのでは？　という危惧を持っていました。

●時限タイマーは意外と進まない

しかし、結論を言えば、購入から16年が経過した今でも、爆弾は爆発していません。この物件の組合の財務は「管理収入＋積立残高」と「支出」のバランスで運営されているのですが、この「管理費の残高」で、全棟大規模修繕を実施することができたのです。

また、この大規模修繕で管理費、積立金が供にゼロになった時点で、毎月1000円だった積立修繕金を3000円に値上することを管理組合が合意しました。これにより、一応は積立修繕金が毎月プラス収支に転じた格好になっています。

一方、募集賃料は、この18年間で大きな変化はなく、6万3000〜5万8000円の間で推移しています。管理費が上がった今も、ローンを返済してからの毎月のキャッシュフローはプラスなので、継続して運営しています。入居者は16年間で4回入れ替わりましたが、1〜3カ月以内にすぐ次の入居者が決まっています。

この物件は私の所有物件で唯一、ローンを利用していますが、それについてはこれまでのキャッシュフローで300万円程、繰上げ返済をしました。

オーナーの経営が回っていれば、修繕積立金残高に問題があってもあとから修正されて、難を逃れられる可能性もあるという事例です。

2 最初の現金買いマンションは、10年で元が取れた！

●インカムゲインだけで元を取り利益積上中

最初の「爆弾付きマンション」をフルローンで購入したあと（購入した95年当時は区分1Rでもオーバーローン融資が通る時代でした）、99年に、現金買いで田園都市線用賀駅4分の築17年区分1Rを購入しました。ローンを使わなかったのは、フルローンで購入した最初の物件で金利負担が大きく、思ったほどキャッシュフローが出なかったからです。

購入から12年間が経過した現在、この物件は毎月の賃料で購入した金額を回収し終わり、さらに毎年の税引後キャッシュフローで利益が時間で積上る状態になっています。購入時のシミュレーションでは、ゼロ浮上、つまり元が取れるまでには16年間程度を要するという計算でした。しかし、実際にかかったのは10年程度でした。（図1－1）

ただし、元が取れたとはいえ、土地は付いていません。この点の課題は後述します。

図1-1　インカムゲインだけで投下資金を回収し終えた物件データ

名称	価格	借入	CF	経過年	築年	回収額	修繕費計	専有部	共用部
鶯谷	1,000	700	2	17	25	408	30	30	0
用賀	630	0	5.2	14	31	873.6	40	15	20
鷺ノ宮	570	0	4.5	14	30	756	25	25	0
池尻大橋	630	0	6.1	13	31	951.6	15	15	0
中野坂上	620	0	5.7	13	25	889.2	65	15	50
下高井戸	630	0	5.1	12	28	734.4	50	30	20
中野新橋	490	0	5.2	11	30	686.4	65	45	20
	万円	万円	万円/月	年間	年間	万円	万円	万円	万円

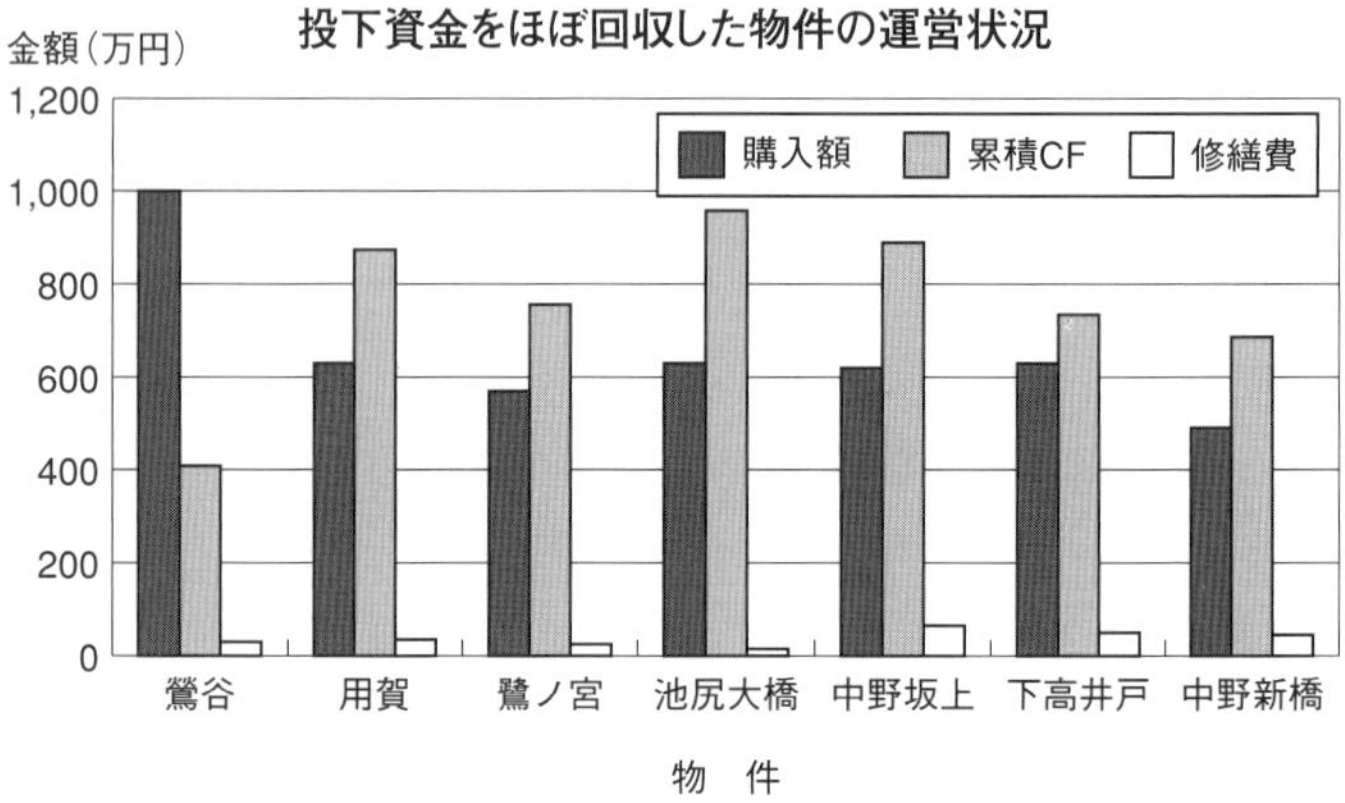

●実験データをシミュレーションに反映し、以後の投資に生かす

その最大の理由は、稼働率（90％と仮定）と家賃下落率（1％／年と仮定）がシミュレーションより良好で、維持コスト（４年毎に入居入替時の内装費が10万円、15年毎に大規模修繕臨時支出が25万円）が予想ほどはかからなかったためです。

この実験結果とシミュレーションとの照合により、以降は、立地による経験値からパラメータを最適化した計算で、新規物件の検討を行うのに役立つサンプルになっています。

3　借地権マンションは10年間稼ぎ頭の優等生

●好立地借地高利回りの威力

２０００年に、定期借地権の築18年の区分１Ｒを現金で購入しました。池尻大橋徒歩１分の抜群の立地で14％を超える利回りは、借地権ならではの魅力でした。

この物件は、１部上場企業の社員寮としてずっと借りて頂いており、退去もリフォームもないため、10年以内に元が取れました。それ以降は毎年、家賃の手残りで利益を積上げ続けてくれています。

●土地が無い区分物件の借地権の意味するものは？

ただし、良いこと尽くめというわけではありません。この物件は借地権ですから、建物だけへの投資です。利回りが高い（つまり買値が安い）のは、老朽化後のリスクの先食いとも考えられます。

借地権の土地の評価が低い証拠に、一棟物ですら借地権は融資が通りにくく、借りられる額も低いそうです（融資は私の専門外なのでくわしくはわかりませんが）。

しかし、そもそも区分の「土地持分」は、自分で勝手に売ることができないのですから、実態がないものとも考えられます。

こういったことを総合すると、借地権の土地に建つ区分物件は、区分所有の土地持分の意味のなさを徹底的に生かした投資法ともいえると思いました。

4 小規模でも立地と利回りが欠点をカバー

●大規模修繕拠出金は想定内

２０００年、中野坂上駅近くの抜群の立地に建つ、築12年、全16室の区分１Ｒを利回り13％で購入しました。それから11年が経過しますが、この物件は約８年で元が取れ、その後は順調に家賃手残りで利益を積上げています。

全棟大規模修繕の際は、予想通り積立金不足で、1室当たり50万円の臨時徴収がありました。このときは、総額1500万円の工事できれいになりました。50万円は約1年分の家賃に当たりますが、すでに買値の元が取れているため、利益の積上げの速度が遅くなるだけの影響で済みました。

●好立地が小規模物件の欠点をカバー

一般的に、小規模物件は積立修繕金が乏しいので投資は避けるべきといわれています。しかし、**好立地で入居率が良く、家賃下落率が低い物件については、**事前計算で予想修繕費の出費を見込んで利益が確定できれば、投資すべきということを実証できました。皆が敬遠する分、**意外と安く購入できます。**

5 任意売却物件の利回りは全てを助ける

●任売物件の利回りと立地賃貸力の相乗パワー

2002年、中野に築19年、利回り15％の任意売却物件を購入しました。この物件は12年間も同じ方が住んでくださったので、退去リフォームがなく、この方だけで元が取れた上に、利益の積増ができました。

この方が退去してわかったのですが、部屋にはエアコンがない状態でした。前オーナーには、その資金余力もなかったのでしょう。これで、12年も故障のクレームがなかった理由がわかりました。

この物件は、税金と管積以外の維持費は皆無の優等生です。立地が良いと便利なので長く住んでいただくことができ、そのパワーで利益積増の速度も早まるという実例です。

●長期賃貸は維持費と手間いらず

12年も住んでくださった入居者がいて、その方一人の賃料で利益が確定できたのですから、考えてみればこの方から物件をプレゼントされたようなものです。

入退去のコストがゼロだったので、シミュレーション期間よりはるかに早く元がとれました。**任売等で安く買え、立地の良い物件は、まったく何もしないで利益積上段階に入ることができます。**この物件も購入後は現地へ行かず、まったく何もしませんでした。

6 レディースマンションは男性可に

●若い女性のニーズは？

２００２年、築17年の女性専用区分１Rを下北沢近くに購入しました。新築以来、女性専用でしたが、途中からその制限がなくなりました。理由は、入居率が落ちた為です。

男性の入居もＯＫになってから、私の部屋で退去があったのですが、１カ月程度で男性の方が入居されました。

新築時の80年代は、新しさとシモキタのブランド立地から、女性専用でも十分に埋まる魅力があったのでしょう。しかし、より**競争力のある物件が周囲に増え、女性がそちらに注目するようになったことで、この物件の魅力は半減してしまったのです。**

そうなると今度は、女性専用であることが、男性の友人を自宅に招きにくいなどの欠点に変わり、入居率の低下につながってしまいました。

●個人の木造新築は手強い競合

下北沢の周辺には、もともと、競合マンションが林立できるような広い土地はありません。しかし、相続後の戸建跡や、閉店した個人商店などに、個人がオリジナル設計の木造アパートを新築することは可能です。

これらが、古くなってきた区分マンションのライバルになります。**小さくても入居者のニーズと心を掴む、唯一無二の間取りや内装ができる敏腕個人大家さんの木造新築は、**好立地の駅近1Rの強敵だと、このときに痛感しました。

7 地方の高利回り物件のその後に学ぶ

●家賃下落の洗礼を受ける

所有物件のポートフォリオの築年を若返らせるため、2003～2004年に、福岡と大阪に1室ずつ、築12～13年の物件を購入しました。

遠方の為、一括借上げ家賃保証管理としました。借上げ制度を利用したのは、空室や保守で現地へ行けないことと、高めの保証手数料を払っても十分ペイする高利回りだったことが理由です。

しかし、ここ数年、契約更新時の**保証賃料は2〜3割の下落という事態に陥っています。**この原因は2つあることがわかっています。ひとつは、東京に比較した**地方の衰退。**もうひとつは、管理会社のM&Aによる経営方針の大転換です。

●都心・地方によらず如何に自分が制御できるかが挽回の鍵

管理会社の条件に納得できなければ、借上げ契約を打ち切り、自主管理に変更することもできます。内装や募集方法などを工夫すれば、家賃下落を最小化して空室を埋めることもできるでしょう。

しかし、仕事で多忙なサラリーマンは、頻繁に現地に出向くことはできませんから、地元の管理会社と懇意になり、優先的に客付けして貰うのが現実的な方法になります。

しかし、見知らぬ土地で、そういうパートナーを開拓するのは大変です。正直なところ、区分1室だけを委託されて、客付けの優先順位を上げるような暇な業者さんはないでしょう。

こうした**遠方オーナーが痺れを切らした家賃保証物件を、**自分の近所で相場よりも安く買い、**自主管理に巻き直して手塩にかければ、**その物件をよく稼ぐ優等生に変身できます。

その作戦が採れない私は、委託管理戸数を生かした戦略を採りました。この管理会社には、地方物件と同時に、東京でも10室以上、代行管理委託しています。これらは自宅に近いので主管理も可能です。

そこで、地方物件の保証家賃減額を了解する代わりに、東京の全物件を自主管理に切替える切り札を提示して交渉し、全物件の管理手数料を半額程度に減額してもらうことができました。

8 ホテル物件の実験結果は？

●ホテル経営は大家よりも遥かに厳しい

私は、ホテルの区分物件も持っています。ホテル物件については、前書で「ホテル物件は、その経営会社の株を買うようなもので、レジ系とは異なる」と述べました。その体験を紹介します。

京都のホテルは、投下資金を半額回収した時点で、ホテル全体の経営権が他社へ売却され、保証家賃が約半額に下がりました。現金買いなので、手残家賃は毎年積み上がっており、今でもホールドしています。

渋谷にもホテルの区分を持っていますが、こちらは近所ということもあり、ホテル会社との契約を解除して自主管理に切替え、レジ物件にコンバージョンした後、17％程度の利回りで賃貸しています。

●事務所法人賃貸のリスク

渋谷の物件は、抜群の立地なので入居者はすぐに決まります。ステータス感を求めてホテルに住むというニーズ以外に、立地の利便性から事務所需要も旺盛です。

そこで、知り合いの社長に事務所として相対直接契約したところ、仲介手数料が助かったと、大変喜ばれました。

ところが、この会社が倒産、ご本人も自己破産して、私は管財&代理人の弁護士へ手続きを採る羽目になりました。債権者集会では「配当なし」の判決でした。

予定手残り家賃は75万円に対し、未回収家賃30万円、残置物撤去と内装リフォームに7万円を要しました。差引き38万円手残りの活劇？　でした（笑）

このように、**事業用賃貸は最後に不幸となる**リスクが高いといえます。

9 22年間保有の築32年物件での実験

●築古物件をリノベで再生

現在築32年の物件が、私が所有する最古物件です。2DKの区分を築10年で購入し、8年間自己使用後、賃貸し22年間保有したものです。90年代当時の賃貸事情は夢のようで、畳とバランス釜でも、私の素人クリーニングだけで、簡単に賃貸が付きました。しかし、立地が東京でも郊外の八王子なので、最近は、7・5万円を6・8万円まで下げても3カ月埋まりませんでした。

そこで、後でスケルトンリフォームになることを覚悟でペット可にして強引に客付けをし、退去後、リノベーションをしました。具体的には内装を撤去して、和室を洋室へ、タイル・バランス釜風呂をフルオート・ユニットバスに変更しました。

この部屋を7・5万円で募集したところ、1組目の内見者で決まりました。このあたりを工夫できるのも、自主制御が効く不動産投資の強みです。紙の投資ではこうはいきません。

このように、寿命の長いRCは、築30年でもその後の建物寿命が期待できるので、内装にある程度の費用をかけても投資がペイできます。

●リノベ投資額に見合う家賃アップ率は

お金をかければいくらでも豪華にできますが、投資ですから家賃とのバランスが大切です。いったい、どの程度の費用が投資最小・効果最大なのでしょうか?

私はこの目安を、経験値から

家賃UP額＝リノベ費用×1%

としています。

先ほどの八王子の事例では、当初250万円だった見積りの内容を、様々な交渉の末、100万円で施工してもらいました。この計算式に当てはめると、6・8万円だった家賃は7・8万円に上げるのが妥当だったことになります。

私は空室が怖くて低めに設定したのですが、家賃が安く、早く決まりすぎたことから、この公式が真理だったことが証明されました。

10 前作以降での私の最新物件情報とその教訓

●18年かかって購入できた3度目の正直

さて、ここからは、前著執筆以降、筆者の物件運営の最新情報をご報告させていただきます。特にまだ物件をお持ちでなく、これから不動産運営を始められる方々へ、最新状況の疑似体験としてご参考になれば幸いです。

私の進める区分物件に集中した不動産投資は、**同じ建物内に複数室ありますから同棟内で別室の売り物に良く出会います。**

その場合は、**先に物件調査を完了しているので、購入可否を即決できます。**

私は今年、東急東横線某駅直近、横浜市内の1R物件を購入しました。仮にAマンションとします。これ自体はごく平凡な3点ユニット1K物件なのですが、その購入経緯に区分物件ならではの特徴がありましたのでご紹介させて頂きます。

最初は約18年前でした。某社が新築した物件を大々的にPRしていた情報を見て、これが中古で出たら、いつかは欲しいな。と目に留まりました。同社の従来他物件シリーズに比較して建物のグレードがワンランク高く、築年を経ても賃貸物件として商品価値を維持できると見通せたからです。

その後、今から4年程前、この物件販売会社から脱サラされ、お仲間と新会社を立ち上げたTさんから、

「芦沢さんも良くご存知のAマンションを売りたいという、うちのお得意オーナーさんがいらっしゃいますがどうですか？」

という連絡がありました。Tさんが独立なさるときに、お得意オーナーさん数百人分の物件管理を人脈と信頼で個人的に巻き直されていたのです。

詳細を伺ってみると、売主様は働き盛りのとき新築を購入されましたが、現在はご高齢で、奥様が入院され、治療費と介護費用のため、物件を至急現金化したいとのこと。

家賃は5・5万円取れる物件ですが400万円程度でしたらお譲り頂けるとのことでした。積算も300万円は出る物件ですから、区分物件としては妥当な乖離度です。

新築以来、売買価格、賃料とも熟知している物件で、立地もグレードも良く、入居者もTさんが付け、管理もずっと継続しているので素性が良く分かっており安心です。即決でお願いしました。

売主様にもご快諾頂け、契約手続きに入ったのですが、思わぬ伏兵が現れました。物件が奥様との共有名義となっており、奥様がご病気で意識不明状態のため、司法書士の先生が病室でご面談されましたが、本人の売却意思確認が取れないとのこと。

残念ながらこれでは売買が成立しません。司法書士の先生のご判断で、契約まで到達できませんでした。私自身は購入できないリスクだけでしたが、売主様は、奥様の介護費用が必要で、物件が現金化できないご事情は、非常にお気の毒だと、他人事とは思えませんでした。

ところが、この同棟内別室の物件情報が、全く別の物上げ業者さんから、今春、再び入ったのです。

この物上げ業者さんと、この物件の関係は、単なる一見さんでしかありませんが、私は前述のように物件の素性は熟知しています。情報が入ると同時に即決で買いを入れました。

すると、同日に3件、競合の買いが入り、しかも私より高い価格とのこと。そのうちお一人は香港国籍の中国人の方が最高値でした。

しかし物上げ業者さんは、初めての外国人よりも、いつも確実な現金決済で、何室も購入している常連である私の方と契約したいとのご意向で、物件を回してくださいました。

家賃も価格も4年前とほとんど同額です。経年分、安く買うべきでしょうが、このご時勢、家賃が変わっていないメリットが大きいと判断しました。

この事例、じっくり物件調査をしてからの買いでは、間に合わなかったと考えられます。唯一無二の一棟物件には無い、同棟内他区分物件ならではの「買い」でした。

11 仲介業者さんを私が仲介?!

●最近の賃貸事情・東京郊外も地方へ転落

ここ1~2年での賃貸市場の競争激化は苛烈を極めます。

一般的に「都心」と「地方」という言葉がありますが、川崎市でも、JR川崎駅なら文句無く都心ですが、そこから離れた郊外のマイナーな駅は、**東京へ1時間以内で通勤できても、明らかに「地方」に転落している**のです。

これは東京都内も例外ではなく、例えば西東京の私の住まい近くの「河辺」や「小作」といった駅近にマンションが建つ立地も、東京都内でありながら「地方」の範疇に入ります。

前著で川崎市郊外（多摩区）の物件を購入したことをご紹介しました。

昨年は、かろうじて東京圏に入ると判断して購入したのですが、年末空室になって募集をかけてみると、容易には埋まらず、明らかに「地方」に転落していることを思い知らされました。バストイレ別の築10数年の物件にもかかわらずです。

では、この物件は失敗したのかといえば、決してそうではないと私は考えています。それは、あらかじめ、こうなることも想定内で購入しているからです。

空室時に、物件価値アップ&賃貸営業に自分が直接動いて対策ができる立地と判断し、リスクが取れると考えたのです。15・8%の購入利回りは将来の下落リスクを織り込み済みの価格と見わけです。

年末に退去があり、3月までのハイシーズンで、相場家賃に下げたにもかかわらず、管理会社さんでは賃貸成約まで持ち込めませんでした。

この間、私自身は本業の長期現場出張で東京を離れて仕事が超多忙だったため、不動産管理は、確定申告程度が精一杯だったのです。私自身ができたことといえば、ミニミニ、エイブル、ハウスコムといった、地元賃貸専業各社さんへ、自作のマイソク資料をメイル送付して広告料を打って、電話で定期的に賃貸フォローをお願いすることくらいでした。

この程度では、内見はあったものの、とても成約までは行かなかったのです。

●生活保護世帯を母子で分離、ダブル受給し、保証人も

4月に入り、仕事の方も漸く一段落着いたため、今度は、最寄り駅周辺、物件周辺の地場業者さんへ個別に賃貸募集営業をかけました。

すると、その中の1業者さんから、すぐ近所にお住まいの生活保護世帯の20歳代の方が親御さんから独立するため、お住まいになりたいとのお話を頂きました。

詳しく伺うと、現在、お母様と同居で生活保護を受けていらっしゃいますが、ご本人が別世帯となり、それぞれ個別に2世帯で生活保護を受給するようにしたい。ついては、現住所と直近の私の物件が好都合とのことです。

家賃は役所から直接振込みのお手続きを取っていただけるとのことで、ぜひ、ご契約をお願いしました。お二人で1件の生活保護を受けるよりは、別世帯となり、それぞれで受給した方がリスクヘッジにもなると、私も判断しました。

ところが、ひとつ問題が発生しました。この仲介業者さんが契約されている滞納保

証会社さんの審査が通らなかったのです。保証人さんが高齢の生活保護受給を受けているお母様で、入居者ご本人も生活保護のためのようです。

ご本人がお若いことを考えると、再就職後、保護が打ち切られた場合のリスクを考慮すると、お気の毒ですが、私としても滞納保証会社は必須と判断させざるを得ませんでした。

そのため、残念ではありますが、お断りせざるを得ませんでした。

その直後、ふと思いついたのが、物件管理をお願いしている管理会社さんが契約している保証会社さんがあるということです。

そこで、管理会社さんを経由して、その滞納保証会社さんへ審査をお願いすると、問題なく審査を通過できたのです。

こうして、客付け業者さんと、滞納保証会社さん、管理会社さんとを、私が仲介することで、賃貸契約を成立させることができました。

これにより空室4ヶ月目で、漸く入居成約まで漕ぎ着けました。

ここまで自分が動いて、イレギュラーな裏技を駆使して賃貸付けし、しかも長期間かかったのは（1K区分物件の割には）、初めての経験で、明らかに東京郊外でも「地方」に転落し始めたことを実感しました。

12 オーナーチェンジ物件のリスク

●空けてびっくり！

前述に川崎市内の地方化した物件のお話をしました。

近年の賃貸競争の激化を考慮して、都心の強い賃貸需要がありながら高利回りが狙える川崎駅近もポートフォリオ分散のため、購入することにました。

年末に、長年お付き合いのある買取業者さんから川崎駅前で家賃6・5万円の3点ユニット1R物件を手数料無し450万円でどうでしょうか？

とお話がありました。

詳細を伺うと、敷金を3ヶ月も預かっており、持ち回れるとのことで、お願いすることにしました。

オーナーチェンジ物件ですから中は見られませんが、30歳代のサラリーマンがお住まいとのことで、賃貸契約書を拝見するとお父様が保証人で、普通の人と判断しました。

年末に契約を済ませて、最初の家賃振込みを待っていた年明け、管理会社さんへ、退去の連絡が入ったと電話を貰いました。

これも良くあることなので、想定内と考え、至急のリフォームをお願いしました。

そこで退去時の室内写真を見て、唖然としました。（次ページ写真）

よくまあ、これだけ汚い部屋に人間が住んでいたと思える状態だったのです。

しかし、この写真を一目見て、これならどうにでもなると判断しました。つまり、内装の躯体は全く痛んでおらず、汚いのは表面だけだったからです。

早速、2社の業者さんへ合い見積もりをお願いすると、30万円と40万円でした。前著でご紹介した汚れ具体と内装費用係数から試算してみると、

全部やり直し　10万円／坪×16㎡＝48万円
これは汚い　　6万円／坪×16㎡＝29万円
（本書の65ページ参照）

となりますから、ほぼリーズナブルな見積といえましょう。30万円の業者さんは、事前に私の方で、ある程度の作業をやっておくことが条件でした。

しかし、この時期、東京を離れて長期の現場出張の本業が続き、とても自分の物件内装の作業ができる余裕はなかったので、全てお任せの40万円の業者さんへ発注しま

川崎駅直近
オーナーチェンジ物件の購入直後に退去した専有部

Before

After

躯体が痛んでいなければ、内装だけ汚いなら何とでもなる

した。サラリーマン大家は、こういう選択判断も重要です。

それから約1週間以内に工事を完了して頂き、募集をかけると、これも僅か1週間で中国人の大学留学生の方にご入居頂け、順調に家賃を頂戴しています。

さすがに川崎駅前は、「都心」と睨んだ賃貸需要は予想どおりでした。一方で、敷金を3ヶ月も預かっているオーナーチェンジ物件は、内装に何かある。とリスク管理すべきことも学びました。

13 都心物件の賃貸

●古い3点ユニット1Rは立地命で即満室

前著でご紹介した、私が比較的長期に保有している東京都渋谷区や世田谷区といった、誰が見ても「都心物件」がどのような状態かをご紹介します。

世田谷区用賀の物件は、1996年に最初に現金買いした典型的な3点ユニット16㎡1Rです。1988年築ですから今年で築後25年になります。ここも年末に空室になりましたが、内装クリーニングだけで募集後2週間程度で入居が付きました。

しかし、96年当時は敷礼2／2取れたのが、今は0／0で、AD100%、すなわち広告料を1ヶ月分上乗せが必要となっています。私自身、都心物件でゼロゼロ＋広告料まで必要な時代が、こんなにも早く来るとは想像していませんでしたが、それでも賃貸が付かない地方よりは救われます。

ちなみにこの物件は、毎年のCF手残りで利益確定済みで、現在は毎月のCF＝利益積上の状態になっており、貸し続けても、例え無償譲渡しても利益確定できる状態になっています。（図1-1参照）

渋谷区笹塚の物件も築後27年の古い3点ユニット16㎡1Rですが、ここは、退去直後、内装クリーニングが終わらない時点で内見が入り、成約しました。お家賃は6・7万円です。静岡にお住まいの自営カメラマンの方が東京でのお仕事の拠点にしたいとのご希望でした。

このように、誰もが知っている都心のメジャースポット物件は、圧倒的な賃貸需要があり、労せず入居付けができます。

私が区分物件賃貸を始めた18年前は、3点ユニット1Rなど、あと10年もすれば、狭くて古くなり、誰も借り手が居なくなるとか、100万円でも買い手が付かない等と言われましたが、18年経過しても賃料、売買価格とも大幅には下落していません。これも都心の利便性の高い賃貸需要による収益還元価格に支えられているからです。

14 都心に変身した物件

●立川が吉祥寺を追い越す

同じ東京都、西部郊外の立川市は、地方から都心へ変化しつつあるスポットと感じています。そのため、昨年、ここへやや広めの22㎡3点ユニット1Kを1室購入しました。

この物件も4年程前に、お付き合いのある物上げ業者さんから紹介があったのですが、投資家の皆様は将来性を良くご存知で、同時に10人以上の買付けがはいりました。この時は仕方なく、籤引きとなり、籤運の弱い私は買い負けました（笑）。

今回は、前述の東横線物件と同じパターンで、別の物上げ業者さんから同棟内他室の売り物件でした。事前調査はできているので、紹介と同時に買いを入れて、他の買付けを即、止めて頂きました。私の指値がきつかったため、業者さんが2社（元付けと客付け）入ると利幅が取れません。お付き合いの深い業者さんでしたので、今回は

1社さんに降りて頂き、1992年築を考慮して14・5%で漸く成約できました。

衆知のように立川は吉祥寺を抜いて、JR中央線での乗降客数が2位に浮上しました（1位は新宿駅です）。週末などはホームから駅前ロータリーまで歩くのに、人並みをかけ分けて行くのに一苦労する程の人出です。

それでいて、駅近で単身レジ系物件を新築できる土地が簡単には出る立地ではありません。駅の南口（旧住宅地側）ですら、ホテルと一戸建てが混在しているような街並みで、賃貸需要が強いのです。大きな要因は多摩都市モノレールの開通で人の流れが変わり、さまざまな都市インフラが立川へ集中してきているためでしょう。西東京の中核都市の座を八王子から吸い取っています。明らかに都心化してきているのです。

注意すべき点は、**賃貸需要は旺盛でも、家賃相場自体が安いエリアなのが都内とは異なります。駅に張り付いて5万円以上家賃が取れないと、長年に渡る維持費を考慮してペイしません。投資できる物件が非常に限定**されるということです。この点でも、既存中古物件に立地の希少価値があります。

15 最近の社会背景からの観点

●東京郊外の地方化&それを予想する尺度

ここ1〜2年で賃貸市場の競争が急速に激化しています。東京都心周辺でも、以前は敷礼2／2取れた物件も、家賃を数%値下げし、ゼロゼロ＋AD100%＋フリーレントでやっと、入居率を95%程度に維持して行く。といった感じです。これが資金的にできないなら、自分が動いて時間と労力をかけて入居を付けるしかありません。

この現象が都心部から1時間圏内程度の立地でも、まだら模様のように特定のスポットだけが生き残って、上記のような地方物件の募集条件に転落して来ているのです。動き回れば付けられるのは、東京近郊のメリットですが、せっかく区分物件を運営するのですから、電話とメール、FAXだけで何とか満室にできる物件運営をしたいものです。

投資は詰まるところ未来の価値を買う行為ですから、投資物件が将来どうなるのか、10年後の姿（賃貸需要と物件価格）を見通して投資したいものです。その尺度を次に研究してみましょう。

●収益還元価格と積算価格の乖離度

物件自体が担保価値を持つ一棟物件は、積算価格が非常に重要です。一方、小さな区分物件はそれ自体に担保価値は無いため、収益還元価格に意味があります。しかし、**区分物件の積算価格を計算してみると、収益還元価格との乖離度が一棟物に比べて大きいことに**気付きます。（だからこそ、銀行は担保に取らないわけですが）

そして、この乖離度が大きいほど、賃貸付けが非常に楽ですし、経年後、老朽化時の売買価格下落も小さいことにも気づきます。ある意味、単純な家賃の利回り以上に、この**「乖離度」は注目すべき数値**と感じます。将来の物件価値を予言している市場の見えざる手なのかもしれません。

前述のとおり、東京郊外で、家賃が5万円程度取れ、15%程度以上の利回で購入した物件は、この**乖離度が小さく、一見「お買い得」のように見えました。**しかし、その後、予想以上に区分物件にしては賃貸付けが厳しくなって来ました。（といっても一棟アパートの大家さんレベルで当たり前の手法を用いれば付きますが）これも**東京郊外の地方化という将来の市場リスクが盛り込まれた価格**だったといえましょう。だからこそ、そうなった場合のご自身の戦略を見通した上で物件を購入する必要があります。

●16㎡3点ユニット1Rの価値とリスク

前述の通り、東京都心部のメジャースポットはいつも旺盛な賃貸需要です。こういった場所で**家賃5万円程度を出せないかたは**、失礼な言い方になってしまいますが、**別のもっと不便な場所へお住まい頂くしかありません**。この家賃相場と物件グレードで駅近は、3点ユニット16㎡1Rしか無いのです。より広くハイグレードな物件は家賃も高額になります。一方、家賃10万円支払える単身者は多くはありませんし、それ以上のランクの方は持ち家へ向かいます。持ち家と賃貸は経済的合理性で優劣は無いことは、金融工学で数理的に計算できますが、人が持ち家を志向するのは、政府の新築住宅政策もありますが、人間の本性に「縄張り」を守る遺伝子が組み込まれているからです。この進化論的本能が持ち家という縄張りを得ることにより満たされることで精神的安心感を得られるからでしょう。

都心に僅か5万円程度で便利に住める希少価値があるのです。20年前に、あと10年すれば誰も住まなくなると言われていた、私の**狭い16㎡3点ユニット1R物件が、都**

心部から先に埋まって行っているのです。しかし、これは将来も安心であることは決してなく、競合は、狭小地で個人辣腕大家さんが独自設計で、借り手に魅力ある工夫を凝らして建てる木造新築アパートです。

16　18年間で得られた経験的数値データ

投資用区分マンションをこれから購入し、不動産投資を始めようとする方は、長い将来、家賃の下落や、空室がどの程度になるのか？　あるいは、入退去時の内装費や、建物全体の修繕コストが一体どの程度かかるものなのか？　について、非常に興味を持っていることと思います。

最後に、このような実際やってみないとわからない費用、それも一棟物件ではなく、区分マンションの1室毎を運営した場合のデータをまとめてみます。

●空室率（稼働率）

私の全物件の平均稼働率は約95％です。部屋数は41室あります。

数字だけで見ると、41室のうち常に2室が空いている計算になりますが、実際は違います。

2〜3年間はずっと満室という状態が続き、リーマンショック等で入居者の勤め先が大きくダメージを受けると、どっと人が動いて7〜8室が空室になり、2〜3カ月くらいで全室埋まる、というのがひとつのパターンです。このような動きが何度かあり、それを平均すると約95％になるのです。

郊外のアパートなどでは、大家さんの賃貸付けの力量によって、入居率はまったく違ってきます。それに対し、私の所有する都内の区分マンションは、これといった裏技なしだと、このくらいの値になるということです。

●家賃下落率

私のデータは、都心の駅近16㎡3点ユニット、築20年程度の物件で、1％/年程度です。とはいえ、毎年1％ずつ下落するわけではありません。

例えば、2年契約で1回更新していただき、次の更新時に退去したとします。すると、次の入居者を決めるために従来5万円だったものが4・8万円になるといった感じです。

この下落率だと、10年後は4・5〜4・6万円に下がる見当になります。しかし、ここ2～3年間は急激な賃貸市場競争の激化により、都心周辺でも場所によっては、1・5～2％／年に迫る下落、つまり5万円の家賃は10年後に4・1万円になります。これは、10年程度前の地方中核都市や、東京郊外の木造アパートと同等程度の急激な下落加速です。

区分マンションの場合、ミクロ的には同じ棟内の競争となります。そのため、家賃保証会社が家賃を下げて無理して入居付けをする部屋が多い物件（当然保証家賃も下がる）は、それに連られて、立地が良い場合でも下落率が大きくなりがちです。近年は、この傾向が強まっています。

●賃貸期間

私の物件の賃貸期間の平均は、48～52カ月程度です。2年契約が一般的ですので、1～2回程度の更新ということになります。

私の18年間の経験でいうと、立地の良い場所は長く住む方が多く、最長で12年間住んでくださった女性がいました。

ただし、ここ2～3年は、都心でも敷礼ゼロゼロやフリーレントが増加し、初期費用が減っていることから、気軽に引っ越す人が増えています。

大きな原因は、後述するニッポンの雇用形態システムで、単身者に短期契約の非正規雇用が激増しているためと推定されます。そのため、2年程度の短期転居が増え、賃貸期間が急激に短くなっています。

●決まるまでの内見者数

10人（組）程度の内見があり、1～2カ月で決まる程度が、家賃とのバランスが良い様です。20人以上案内しても成約しないのなら、物件の商品価値に対し家賃が高すぎるということです。

内見者を何人案内できているかは、管理形態によらず、常に把握しておくことが大切です。大家がやることはやっているのに、1～2カ月経ってもまったく内見がないのは、管理会社、賃貸付業者の力量不足、もしくは不熱心が原因と考えられます。

最近の賃貸市場を考えると、大家側の広告料や営業奨励金などのインセンティブ不足という場合もあります。

●専有部リフォーム

私の経験値で見た内装リフォームの基本係数は、以下のようになります。

程度	坪単価	16㎡1Rの費用例
・すぐ貸せる・・・・・	1万円／坪	4・8万円
・まあまあ・・・・・・	2万円／坪	9・7万円
・リフォーム要・・・・	4万円／坪	19・4万円
・これは汚い・・・・・	6万円／坪	29万円
・全部やり直し・・・・	10万円／坪	48万円

2DK、3LDK等のファミリータイプに投資する際は、コストが大きくなります。ここで示す数値と面積から、将来の出費を大まかに予想しておくことが重要です。

●共用部リフォーム費用

区分所有でも、建物全体に自分自身が責任を持つ心構えが大切です。

1Rが30〜50室規模の物件（5階建以下エレベータなし）の場合、私の非常に大まかな経験値から見ると、大規模修繕費用は次のようになります。

工事出来栄え	費用	1室当り負担額
・最小限直そう・・・・・	1000万円／全棟	20〜33万円／室
・普通でいいや・・・・・	2000万円／全棟	40〜67万円／室
・新築みたい・・・・・・	3000万円／全棟	60〜100万円／室

一棟大家さん自身が自らゼネコンとなって工程毎の複数の業者さんを取り仕切れば、上記の2割引き程度で施工できると思います。

区分物件はどうしても建物管理会社が利益を抜きますので、割高になります。その分、各区分オーナーは建物管理への手間がかかりません。修繕積み立金と築年数から推定し、不足分は臨時にお金を出し合うか、管理組合で借入を起こすことになります。

●残留物処分費

夜逃げなどが発生した場合、部屋の残留物を処分しなくてはなりません。その費用は、おおよその経験値から、「残留ゴミ体積の目安1㎥当り1万円」と見れば良いようです。

ゴミが単位面積当りどの程度の体積かは、パッと見た時のフィーリングで以下が目安となります。

程度	体積	16㎡1Rの費用例
・家財道具があるな・・・・・	0・3㎥	4・8万円
・家財道具で一杯だ・・・・・	0・5㎥	8万円
・足の踏場も無い・・・・・・	0・7㎥	11・2万円
・家の中に入れない・・・・・	1・2㎥	19・2万円

撤去した残留物をすぐに捨てられない場合、更に保管費用が必要となります。

●空室と家賃下落の関係

空室と家賃下落の関係は複雑です。空室率と家賃下落率はシーソーのように連動しています。

部屋が空いた際の精神的プレッシャーは、かなりのものです。ましてや、区分マンションは毎月、管理費と積立修繕金がいやがおうでもキャッシュアウトしていきます。

さらに、借入返済を伴う場合、資産であるはずの物件は諸刃の剣と化し、重い負債に変身してしまいます。そのため、このままキャッシュアウトが続いたらどうしようと、必要以上に家賃を下げ過ぎてしまう大家さんも多いようです。

また、手間なく管理戸数を増やしたい管理会社さんが、相場より安い新賃料を提案して募集すれば、下落率はさらに加速されています。

平均入居期間が50カ月とすれば、入居率95％なら約2・5カ月、90％なら5カ月空室の計算です。リーズナブルな家賃で、**この期間で状況を観察しながら、打てる手は全て打ってゆく、**という構えも必要です。

「家宝は寝て待て」ではまずいですが、あせらず、あわてず、あきらめずです。

私の物件は41室ですが、18年間で6カ月以上、空室となった物件はありませんでした。しかし、ここ2～3年で、入居期間が短く空室は長くなっています。稼働率を一定に保つには、早く決め、長く住んでもらう必要があります。

さらに、マンション業界は売買だけでなく、管理を主体とするビジネスの新規業者さんが林立しています。

管理費で稼ぐビジネスモデルは、家賃の５％程度が管理手数料となりますが、家賃

5万円以下は管理手数料一律3000円といったパターンが多いようです。

すると、管理業者さんは、いかに手間なく、沢山の物件を取り込むかが勝負になります。そして、最も簡単に賃貸を付けられる特効薬となるのが、家賃の値下げです。

家賃がいくら下落しても、そのリスクを背負うのは大家だけです。需給要因だけでなく、こういった業界全体の潮流として、家賃下落圧力は今後も加速していくと考えられます。

2章

理論価値を計算し
自分のポジションを掴む

不動産投資で**成功する一番の鍵は、高すぎる価格で物件を買わないこと**です。「高すぎる」物件を見分けるには、その**物件の真の価値（理論価格）を知り、取引価格体系全体のどの辺りに位置するのかを、冷静にデータによる数値で知った上で作戦を練る**ことが大切です。

この章では、特に、区分マンション価格の理論価値を計算し、自分が価格体系のどの辺りの立ち位置で投資すればいいのかを、簡単に把握する方法を研究してみることにします。

注意点として、物件を購入するとき、すべての条件について最高のパフォーマンスを求めると、なかなか理想の物件に出会えず、購入できません。

ですから、「高すぎる価格で買わない」という点をクリアしたら、あとは**自分のポジションを把握し、自分に最適な土俵で投資し、リスクに負けない**ことを心がけながら、「自分に合った物件」を探すことが重要だと思います。

1 積算法

不動産の価値を計る方法の代表といえるのが積算法です。役所が税金を決めるための基準にもなっており、路線価と建物の減価償却価格から計算します。大家さんの読者は、「またか」と思われるでしょうが、ここでは売買時、スピーディーな即断即決に有効な区分用の即算法を特に研究してみます。

銀行からの融資を受けるときもこの積算法が基準になることが多いのですが、区分マンションは実質的な土地がないため、融資を受けられることはまれであり、積算価値が投資に使われるのは、競売の基準価格を決めるとき等に限られます。

そのため、前の書籍ではこの積算法に触れなかったのですが、投資を重ねるうちに、区分物件の価格体系での自分の立位置を見極める指針として、この方法が意外と有効であると気付きました。そのため、この本では紹介することとします。

厳密な積算価格はプロの不動産鑑定士ですら、専門的経験値が必要です。そこで、本書では素人の投資家でも簡単に自分で試算できる「トーシロ簡易法」(笑)で算出してみます。

●モデル物件

・3点ユニット仕様の投資用区分ワンルームマンション物件

・東京都〇〇区、私鉄駅徒歩5分　路線価30万円／㎡

・鉄筋コンクリート5階建、総戸数50室

・築20年

たったこれだけの情報で、おおよその積算価格を概算できます。

正式な積算価格を求めるには、役所へ出向いて評価証明や登記簿を入手する必要があります。しかし、多忙なサラリーマンが区分物件情報を検討する度に、会社を休んで役所へ行くわけにはいきません。そこで、この簡易法を考えました。

●建物構造と総戸数から土地持分価格を試算

まず、これだけの情報から、土地の区分持分価格を試算してみます。

全戸同じ面積・間取りの投資用1R物件なら、部屋数と階数からおおよその建床面積がわかります。それに建蔽率をかければ、概算の土地面積が試算できるわけで

・5階建、50室なので1フロア当り10室→1室16㎡として×10室＝160㎡

・共用用部割合を3割と仮定して、160÷0.7＝229㎡

これがざっくりと試算できる建床面積です。

・建蔽率を60％と仮定して、22960％＝382㎡。これが敷地面積です。

・これに路線価を掛けて、382㎡×30万円／㎡＝1億1461万円。これが、その土地の路線価です。路線価平米単価はインターネットの色々なサイトで、住所から簡単に調べられます。

・1部屋当りの持分を戸数で割ると、1億1461万円50室＝229万円

これが1専有部当りの、ラフな土地持分価格となります。

●建物構造と総戸数から建物持分価格を試算

日本では、鉄筋コンクリート建物は、築後47年で概算、価値ゼロになるルールです。ですから新築時の価格から毎年、その47分の1ずつ減価償却する（安くなってゆく）と計算します。

・新築時の建物坪単価を40万円（12・1万円／㎡）と仮定します。※（注1）

・専有部面積16㎡×12・1万円＝193・5万円が新築時建物持分価格です。

・193・5万円×1／47＝4・1万円づつ毎年値下がりします。

・築後20年×4・1万円＝82・4万円分安くなっています。

・新築時193・5－82・4＝約111万円
これが、現在の建物持分価格です。

●この物件の区分持分積算価値
土地区分持分229万円＋建物区分111万円＝340万円
これが、この区分物件の現在の（トーシロ積算法による・笑）非常にラフな積算価値です。
不動産鑑定士の先生が計算すると、土地に建物があることによる減価率等を加味し、これより低めの積算値になるようです。我らがトーシロ積算法は、シンプルにするために、この点は考慮しないこととします（笑）。
図2－1を見ると、直感的に理解していただけると思います。

※（注1）沢孝史氏著「40代からの堅実不動産投資」（ごま書房新社）89ページの表が参考になります。

図2-1（1） 積算法による土地持分価格の概念

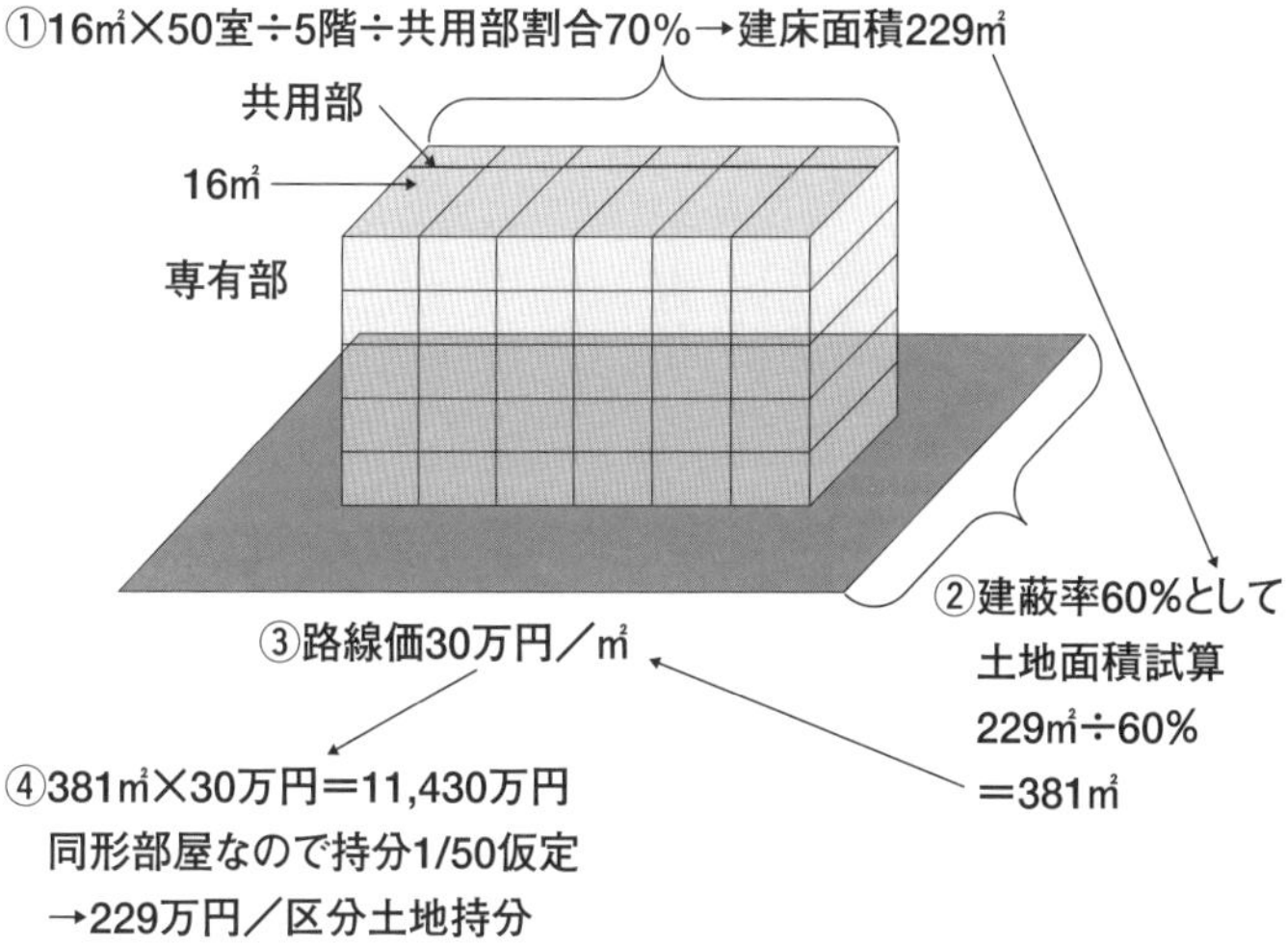

図2-1（2） 積算法による建物持分時価の概念

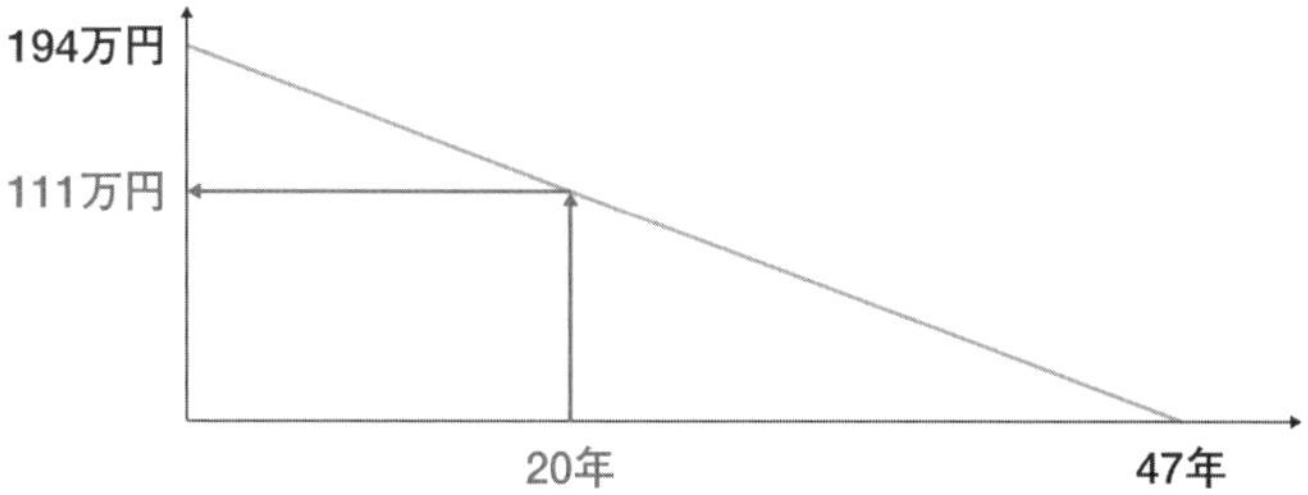

2 収益還元（DCF法）

収益還元価格とは、投資する物件の始めから終わりまでのすべての収益を累積した価格を元にして、その物件の価値を計る方法です。区分マンションは土地がほとんどない割に、利便性が高く賃料を得やすいため（もちろんものによりますが）、前述の積算法の価格よりも、収益還元価格の方が高めに出る傾向があります。

計算方法は、その物件を購入してから手放すまでの間、毎月の手残り家賃を現在の価値に割戻した値から、必要となるすべてのランニングコストを差し引きます。さらに、最後に物件を換金する場合、手残りとなる金額を現在の価値に割り戻した価格（予想）も合算します。

特に区分物件で収益還元価格を求める際に必要な指標の求め方を示します。

●初度投資額

初度投資額とは、物件を買う際に、物件価格プラスその他の必要な費用を加算したものです。その他の費用には、「仲介手数料」「登記費用」「不動産取得税」「契約印紙税」「火災保険料」等があります。

●毎年の手残り（CF）

年間手残り（CF）とは、初年度以降、得られる家賃から、経費を差し引いたあと手元に残る金額です。

ここでの家賃ですが、計算するときは、前章で示したように、「家賃下落」「空室」を見込んだ年々減っていく数字を使います。

維持費には、「管理費・積立修繕金・共益費」「管理手数料」「固定資産税」「退去時内装費」「設備故障臨時修理費」「募集広告料」「募集仲介手数料」「所得税」「地方税」「フリーレント」「大規模修繕臨時拠出費」等があります。

●インカムゲインを累積

毎年の手残りを割引率で割戻して、累積していくことで求められます。

●最後に売却した手残り（FV）

最後に売却して諸費用、税金を支払ったときの手残りの金額です。

●絵と式で表現すると（PV：現在収益還元価値）

現在収益還元価値PVは

PV=CF1/（1+R）^{1}+CF2/（1+R）^{2}+・・・・+CFn/（1+R）^{n}+FV/（1+R）^{n}

CFnはn年目のキャッシュフロー、Rは割引率（最終的な利回）、nは経過年数、FVはn年後の売却手残です。

簡単な指数多項式ですから、エクセルを使ってシミュレーターを作ってみると、物件を購入する際の目安となって便利です。

どうも算数は苦手でという方は、絵（図2－2）を見て頭に全体イメージを描き、右脳で理解してから、電卓で手計算してみるといいでしょう。

図2-2　収益還元の概念図

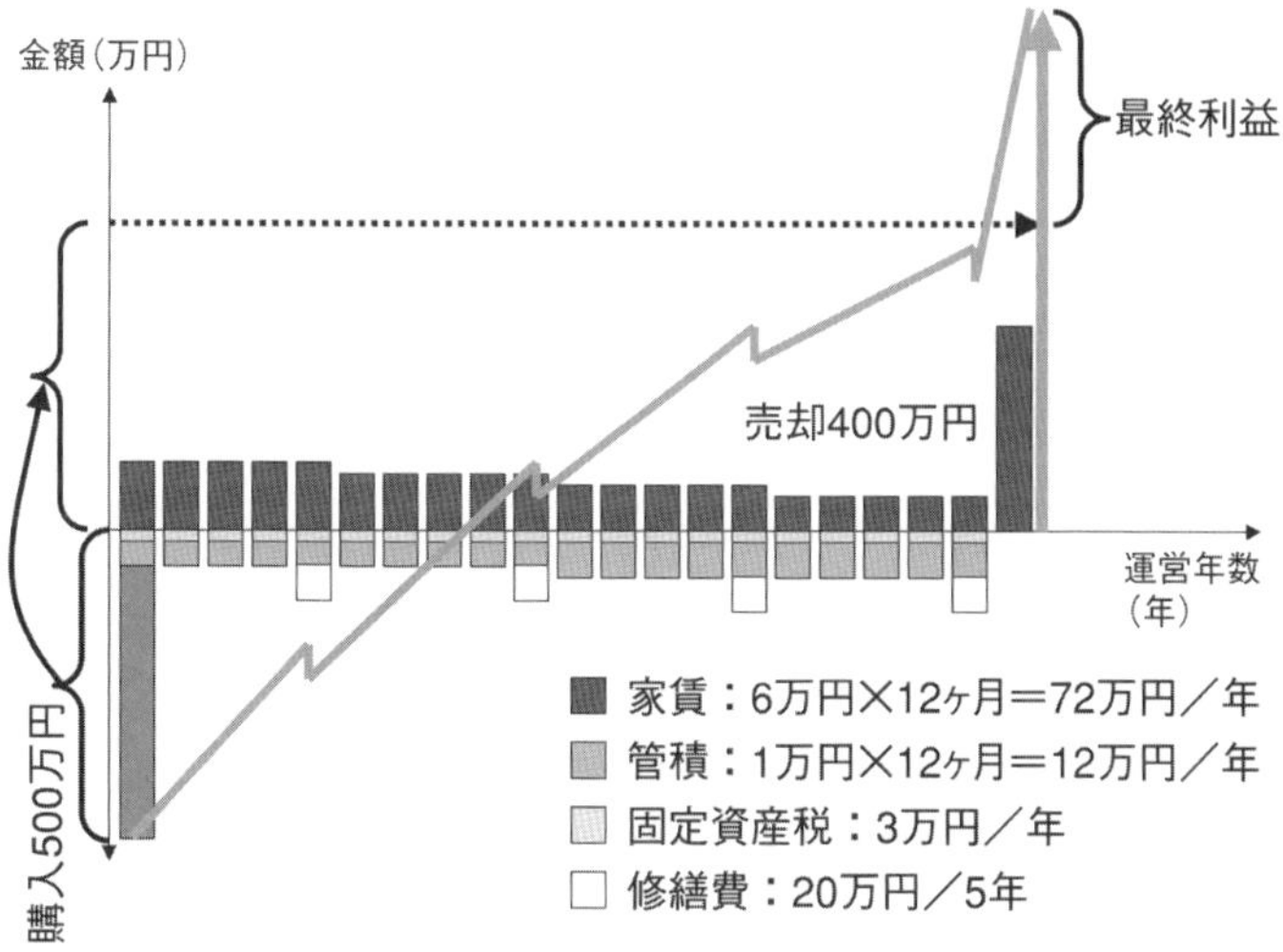

2018	2019	2020	2021	2022	2023	2024	2025	2030	2035	2040	2045	2050
60	61	62	63	64	65	66	67	72	77	82	87	92
8	9	10	11	12	13	14	15	20	25	30	35	40

4.8	4.8	4.8	4.8	4.8	4.8	4.8	4.8	4.8	4.8	4.8	4.8	4.8
7.2	7.2	7.2	7.2	7.2	7.2	7.2	7.2	7.2	7.2	7.2	7.2	7.2

55.36468167	54.81103	54.26292	53.7203	53.18309	52.65126	52.12475	51.6035	49.07442	46.66928	44.38202	42.20686	40.13831
52.59644758	52.07048	51.54978	51.03428	50.52394	50.0187	49.51851	49.02333	46.6207	44.33582	42.16292	40.09652	38.13139
5.536468167	5.481103	5.426292	5.37203	5.318309	5.265126	5.212475	5.16035	4.907442	4.666928	4.438202	4.220685	4.013831
4.383037299	4.339207	4.295815	4.252857	4.210328	4.168225	4.126543	4.085277	3.885058	3.694651	3.513577	3.341377	3.177616

2	2	2	2	2	2	2	2	2	2	2	2	2

11						11		11				
556.0	556.0	556.0	556.0	556.0	556.0	567.0	567.0	598.0	598.0	609.0	640.0	651.0

39.59644758	50.07048	49.54978	49.03428	48.52394	48.0187	36.51851	47.02333	33.6207	42.33582	40.16292	38.09652	36.13139
363.9516893	414.0222	463.572	512.6062	561.1302	609.1489	645.6674	692.6907	889.5512	1105.754	1299.871	1463.445	1636.992

155.0	105.0	55.4	6.4	-42.1	-90.1	-126.7	-173.7	-370.6	-586.8	-780.9	-944.4	-1118.0

27	28	29	30	31	32	33	34	39	44	49	54	59

6.666666667	6.666667	6.666667	6.666667	6.666667	6.666667	6.666667	6.666667	6.666667	6.666667	6.666667		
2.916423639	2.502291	2.146966	1.842097	1.580519	1.356085	1.163521	0.998301					
17.621771	15.11948	12.97251	11.13042	9.549897	8.193812	7.030291	6.031989					

22.58309031	11.16896	10.81363	10.50876	10.24719	10.02275	20.83019	9.664968	19.66667	8.666667	8.666667	2	2
30.01335728	40.90152	40.73615	40.52552	40.27675	39.99595	28.68832	39.35836	26.95403	35.66915	33.49625	38.09652	36.13139
9.004007183	12.27046	12.22084	12.15766	12.08303	11.99878	8.606497	11.80751	8.086209	10.70075	10.04888	11.42896	10.83942
30.5924404	37.80003	37.32893	36.87663	36.44091	36.01991	27.91201	35.21582	25.53449	31.63507	30.11404	26.66756	25.29197
283.4796512	321.2797	358.6086	395.4852	431.9261	467.9461	495.8581	531.0739	678.8762	840.2183	986.1	1100.602	1222.085

294.2	256.4	219.1	182.2	145.8	109.8	81.9	46.6	-101.2	-262.5	-408.4	-522.9	-644.4

21.0	20.7	20.5	20.2	19.9	19.7	19.4	19.2	18.2	17.1	16.1	16.1	16.1

404	395	386	378	370	362	354	346	313	279	246	246	246
666.7	695.7	724.4	753.1	781.5	809.8	830.1	857.9	973.4	1,102.5	1,216.1	1,330.6	1,452.1
4.2	4.3	4.5	4.6	4.7	4.8	4.7	4.8	4.7	4.8	4.8	4.7	4.8

（年）			2011	2012	2013	2014	2015	2016	2017
年齢 （歳）			53	54	55	56	57	58	59
経過年 （年）			1	2	3	4	5	6	7
価格 （万円）	500								
家賃	6	（月額）							
家賃低下率	1	（%）							
積立修繕費 （万円）	0.4	（月額）	4.8	4.8	4.8	4.8	4.8	4.8	4.8
管理費 （万円）	0.6	（月額）	7.2	7.2	7.2	7.2	7.2	7.2	7.2
管理手数料	0		自主管理						
年収入（シミュレーション）（万円）	60		59.4	58.806	58.21794	57.6357606	57.059403	56.48881	55.923921
満室割合（空室率）	95	（%）	56.43	55.8657	55.307043	54.7539725	54.2064328	53.66437	53.127725
家賃月額 （万円）			5.94	5.8806	5.821794	5.76357606	5.7059403	5.648881	5.5923921
家賃収入 （手取り）			4.7025	4.655475	4.60892025	4.562831048	4.51720274	4.472031	4.4273104
表面利回	14.4	（%）							
実質利回	12.0	（%）							
固定資産税 （万円）	2	（年額）	2	2	2	2	2	2	2
総合利回	11.6	（%）							
初期費用 （万円）	14		14						
仲介手数料	0	仲介会社負担							
登記費用	0								
保険料	2								
不動産取得税 （万円／年）	12		12						
最終利回	11.3	（%）							
長期修繕費 （万円／年）			5	5	5	5			
専有部入退去リフォーム費用（万円／回）				11					
投資総額 （万円）	514.0		519.0	535.0	540.0	545.0	545.0	545.0	545.0
年キャッシュフロ （万円）			35.43	37.8657	48.307043	47.75397257	52.2064328	51.66437	51.127725
累積キャッシュフロー （万円）			35.43	73.2957	121.602743	169.3567156	221.563148	273.2275	324.35524
回収残 （万円）			483.6	445.7	397.4	349.6	297.4	245.8	194.6
築年 （年）	1991								
築後経過年数 （年）	20		20	21	22	23	24	25	26
減価償却年数,定額率 （年）	27	0.03704							
建物（定額法） （万円）	200	0.4	6.666667	6.666667	6.666666667	6.666666667	6.66666667	6.666667	6.6666667
付帯設備（建物*0.3）（定率法）（万円）	60	0.3	8.52	7.31016	6.27211728	5.381476626	4.61730695	3.961649	3.3990952
付帯設備償却残 （万円）			51.48	44.16984	37.89772272	32.51624609	27.8989391	23.93729	20.538195
計上経費 （万円）			36.18667	31.97683	19.93878395	19.04814329	13.2839736	12.62832	12.065762
不動産所得 （万円／年）			20.24333	23.88887	35.36825905	35.70582928	40.9224592	41.03605	41.061963
所得税、地方税 （万円／年）	税率30%		6.073	7.166662	10.61047772	10.71174878	12.2767378	12.31082	12.318589
税込キャッシュフロー （万円）			29.357	30.69904	37.69656528	37.04222379	39.9296951	39.35355	38.809136
累積キャッシュフロー （万円）			29.357	60.05604	97.75260328	134.7948271	174.724522	214.0781	252.88721
税込回収残 （万円）			548.4	517.7	480.0	442.9	403.0	363.6	324.8
売却諸費用 （万円）			23.6	23.1	22.7	22.3	22.0	21.7	21.3
売値（原価償却した価格と仮定）（万円）			485	471	458	446	435	424	414
最終総合キャッシュフロー（万円）			490.6	507.8	532.9	558.3	587.3	616.4	645.4
最終総合利回り （%）			-1.9	0.8	2.2	2.9	3.5	3.9	4.2

しかし、割引率は難しいですし、毎月のキャッシュフローをじっと「たんす預金」しておくわけではありません。直ぐに有効活用するなら、その時点から複利で回ります。それなら、トーシロ収益還元法（笑）として、割引率は考えない単純積算でも十分でしょう。

ご自身で計算ソフトを作りたい方の為に具体例を66～67ページに付けておきます。あとは、年数分、表を延ばしてゆくだけで、自作のシミュレーターが完成します。

●モデル物件での例題

それでは、モデル物件を例に試算してみましょう。

モデルに必要な情報は手残り家賃金額だけなのです。図2―2のグラフがモデル物件で、割引率を無視したトーシロ収益還元法の全体イメージ図です。毎月の家賃と管理費積立修繕支出が分れば、概算できてしまうのです。

それでは、先の計算式ではどうでしょうか？

家賃6万円（家賃下落なしと仮定）、管理積立金1万円／月とすると、毎月家賃手残りは5万円。固定資産税を年3万円とすると、税引後年額は57万円。そこから所得税＋地方税を3割払い、毎年の手残は40万円となります。

ただし、現金の価値は未来ほど下がるので割引率10％と仮定します（これをいくらにするかが難しいので、計算しやすい一例の値とします。実際はこれより低めです）出口としては、5年後に売って売却代金が400万円残ったとします。

$$PV = 40/(1+0.1)+40/(1+0.1)^2+40/(1+0.1)^3+40/(1+0.1)4+40/(1+0.1)^5+400/(1+0.1)^5$$

$$= 36.36+33.05+30.05+27.32+24.84+248.36$$

＝400万円

この式が示しているのは、毎月の家賃が6万円で、税引後に年間40万円の手残りがあり、5年後に400万円＋αで売れる物件は、今400万円で買うと、投資はツーペー（収支がとんとん）になるという理論値です。

これよりいくら安く購入できるかの差額が、利益となります。ここでは、未来に手にする予定の現金ほど、価値が低くなることに注意してください。

3 自分の投資ポジションを明確に持つ

以上のようにして算出した物件の理論価値と、売出価格を同一軸上に並べてみると、物件の価格体系をビジュアルで把握することができます。（図2－3）

図を見ると、最下部に積算価格があります。競売の基準価格はこれを参考に決まります。実際の落札価格は、これに立地による経験値での係数をかけて決まるようです。その上に、収益還元価格があります。都市部の区分は利用価値が高いので、この間の開きが大きくなります。一方、地方の一棟物件などは、積算と収益還元の開きがほとんどないケースも多々あります。

この図を見るときのポイントは、この価格体系のどのポジションで自分が投資すればいいのか？　ということです。

価格が安い部分で買うほど、手間がかかります。自分がどこまで時間とエネルギーをかけられるかで、投資ポジションを決めると良いでしょう。

補足ですが、区分物件は流通数量が多いため、このようなルート上の価格は、ほぼ

図2-3　モデル物件での価格体系

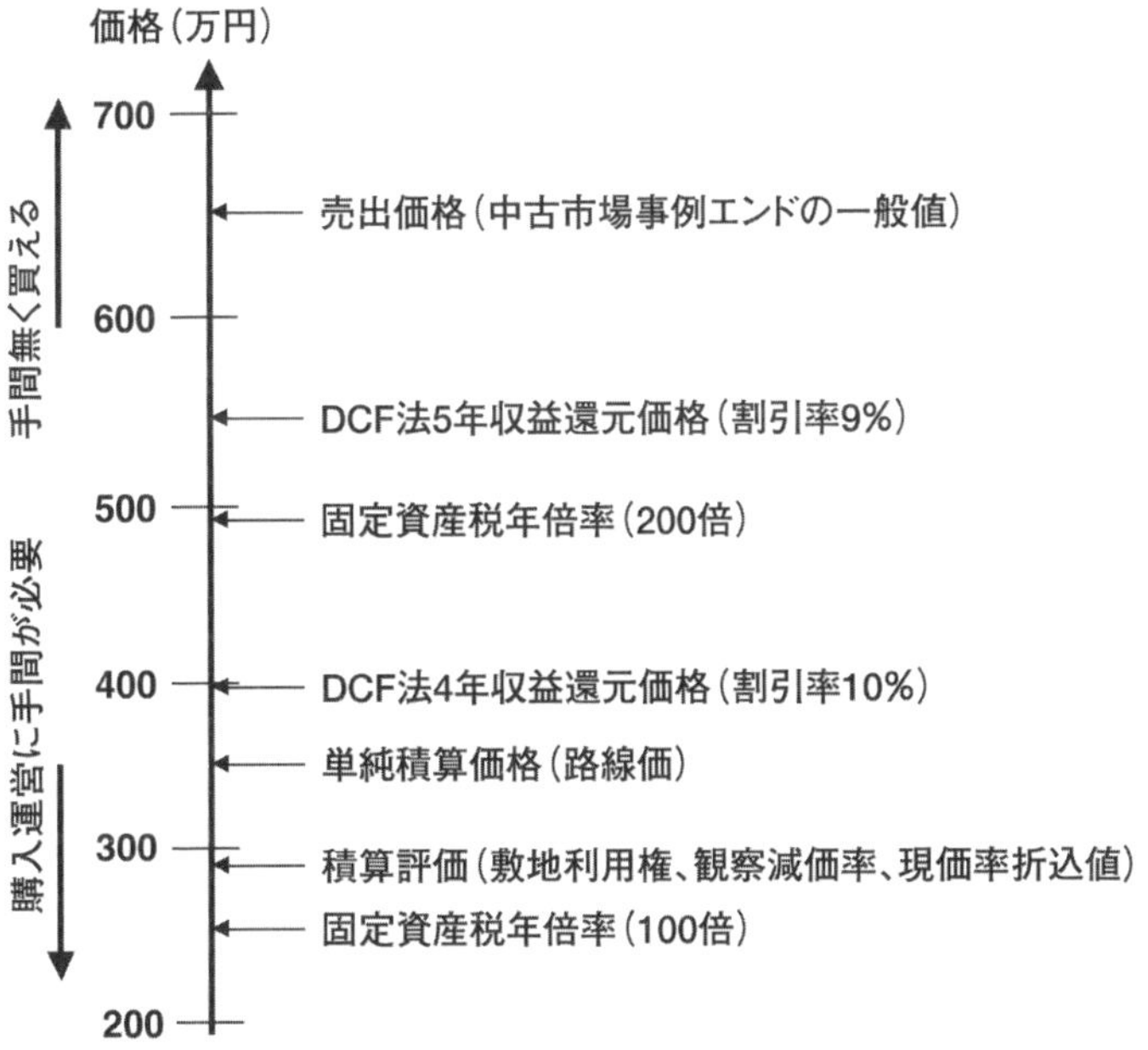

統計数値データに準拠した価格体系に並びます。区分投資は、いわば、理論値に沿った市場なのです。

逆に、地方の一棟物件などは、サンプル数が限られているため、統計データ自体が存在しない場合が多く、都心ではあり得ないような相対取引価格で成約することも珍しくないようです。

4 物件は何処から湧き出ているのか

誰でも、一番有利に物件を手にできる源流を探したいと考えます。では、中古物件は、どこから湧き出ているのでしょうか？　上流の源は何処にあり、どうなっているのでしょうか？　誰だって、**最上流の「聖なる泉」**の水を直接飲みたいはずですよね（笑）。

区分物件の場合、競売の最低入札公示価格は、積算価値程度になります。実際の落札価格は、それに立地ごとの経験値による数割増〜数倍程度の倍率をかけた値になりますが、この価格が、すべての最上流、つまり**中古物件市場価格の源流**になります。

それより下流になると、かかった**時間と手間の分だけ、その付加価値が価格に上乗せされる**ことになります。この付加価値分が乗せられた価格を、基準値からどれくらい下回る価格で購入できるかが、私たちサラリーマン個人投資家にとって重要な部分となります。

5 専業大家さん（大家事業家さん）の実力は凄い

前述の様に、価格系列の最上流で物件を入手できれば、投資は有利になります。しかし、源流に近くなるほど、取得には時間とエネルギーが必要となります。平日、会社を休んで競売入札をしたり、購入後にきれいな投資商品に仕上げたりするために、東奔西走が必要になるからです。

しかし、手間をかけることが収益につながるのは、不動産投資の醍醐味でもあります。紙の投資では、投資した会社の業績を、自分個人の手間で、アップすることは不可能です。さて、競売の、更なる源流は、どうなっているのか？　についても考えてみましょう。

そこには、**「新築」の区分物件の大量生産規格品をはめ込まれて、窮地へ追い込まれてしまった投資家の屍が多く見られます。**会社勤めをしながら、区分投資で収益を得ようと考えたものの、やり方を間違えてしまった悲劇の人たちです。

同じ新築でも、区分物件の大量生産規格品の対極にあるのが、独自設計の一棟物件の新築です。このやり方なら、オンリーワン、必勝の一品料理を作ることが可能です。ある意味、オリジナルの新築の一棟物は、不動産投資の最高峰ともいえます。

ただし、誰にでもこれができるわけではありません。読者の皆さんには、**自分が許容できるエネルギーと時間で、これらの流れの中の、どこのポジションを取ればいいのかを**、考えてみてほしいと思います。

専業大家さんは、時間と場所に縛られません。何時でも、どこへでも自由に動けますから、納得行くまで、不動産投資にエネルギーを注げます。

普通のサラリーマンは会社を休まないと参加できない、平日昼間に開催される不動産投資イベントに、黒山の大家さんが押しかけるのを見るにつけ、専業大家さんたちのエネルギーに圧倒されます。

大家業に注入できる時間と労力が限られるサラリーマン大家が、専業凄腕大家さんと、どう競争すればいいのか？　**自分の身の丈を見極めてポジションをとることもまた、成功の秘訣**として大切なことであるように思います。

6 不動産投資は価値の交換ゲーム

●負けない土俵で勝負する

不動産投資は定価のない相対取引ですから、ある意味、売手と買手の1対1の格闘技スポーツのようなものです。その勝敗は、不動産投資のスキルの高さが決めます。

不動産の価値は、一人一人の大家さんの力量で決まります。物件の持つ価値の差を見抜き、交換しあうのが不動産投資です。ですから、専門知識の豊富な大家さんが有利なのです。

例えばボクシングのフライ級世界チャンピオンが、総合格闘技無差別級ではマイナーリーグでも勝てないように、**自分の専門外の分野の土俵で勝負をすると、勝てる確率は下がります。**そういう意味もあり、私はずっとやってみて相性がいいと思える区分に絞って投資を続けています。

●ポジションの取り方に適した物件選び

改めていうまでもないでしょうが、不動産投資にも、色々なやり方があります。

億単位の一棟物件にフルローンのレバレッジをかける手法と、区分物件の現金投資とでは、時間速度も投資スケールもまったく異なる別次元のものといえます。

郊外の戸建賃貸や小さな木造アパートを土地値以下で買い、有利な融資を引いた上で、自分で独自の付加価値をつけ、他物件と差別化した方法で賃貸付けできる力量をお持ちの方は、あえて都心の区分物件に投資する必要はないでしょう。

国内外の紙系投資で、高いパフォーマンスを出して常勝できるセンスと才能のある方には、最終利回りだけを見れば、区分物件投資は、かったるいかもしれません。

どれを選ぶかは、本人の自由です。この本で示すやり方は、多くの選択肢がある中で、**都心の区分物件が**、**一番自分に合っている**と考える投資家の方が、選択すればいいと思います。その上で、どういうポジションに立って、どんなストーリーで展開していくかを描き、負けない投資ができれば、それはそれで十分に成功なのです。

◆吉祥寺物件での実例◆

ここでは、第8章で紹介する私が最近購入した物件の実例を見てみましょう。

路線価23・5万円／㎡、17㎡1R、4階建43室、1989年築家賃5・1万円／月、管理積立金1万円／月、不動産取得税9・4万円／年、仲介手数料&登記費用ゼロ。このデータから計算すると、それぞれの価格は次のようになります。

・収益還元価格　481万円
・**買値　390万円（諸費用込み）**
・単純積算価格　347万円
・積算評価　298万円
・固定資産税　2・53万円

経験値からの推測ですが、この物件が競売で落札されるとすれば、固定資産税額の100倍程度として250～300万円程度と推定されます。これはプロの価格です。

もちろん、自信と時間、力量のある方は個人で競売入札にチャレンジすれば最上流で買うこともできます。

それができない場合は、これを買取ったプロがきれいな賃貸商品にして中古市場に出して来る価格で入手することになります。その流れの中で、投資できる上限が収益還元価格の481万円。私自身は、390万円で購入しました。

3章

自己資金をどうする？

初心者の方が不動産投資を始める上で、最初のハードルとなるのが自己資金の問題です。不動産投資は、購入する前の投資対象に対して、銀行がお金を貸してくれる唯一の投資です。とはいえ、まったくの無一文ではスタートできません。

以前は、オーバーローンがつくケースも少なくありませんでしたが、いまや、一棟物件ですらフルローンは難しく、2~3割の自己資金は必須です。自己資金を入れれば買えるというだけでなく、次の融資のことまで考慮して、限られた資金をうまく生かすことが成功の鍵となります。

銀行評価よりも高い買値で購入した場合は、自己資金を入れていくらキャッシュフローが出る状態にしてあっても、バランスシートは担保不足となり、次の1棟に進むことが厳しくなってしまいます。土地値以下で買えた場合にも、デッドクロスの発生を防ぐためには、ある程度の自己資金を入れて、キャッシュフローを出しておくことが必要です。しかし、これらは主に一棟物に関する話で、区分投資ではまた少し話がちがってきます。

この章では、区分物件を買うための自己資金の作り方について触れていきます。

1 自己資金の基本戦略

一棟物の収益物件を買うときには、その物件の土地と建物を担保に入れて、融資を受けるのが一般的です。

区分物件は、それ自体に担保価値はありませんので、一棟物の購入とはまったく次元が異なります。物件の価値ではなく、投資家自身が、バランスシート内に組入れられてしまうのです（笑）。

どういうことかというと、物件ではなく、オーナーの将来の収入（サラリー）が担保になっているのです。区分物件をローンで買うことは、**与信を食ってお金を借りている状態**ともいえるでしょう。

それならいっそのこと、自分の与信は使わず、全額自己資金で現金買いをしようか、というのが私の作戦になります。そうすれば、**与信は毀損されませんし、キャッシュフローも潤沢**に出ます。

2 サラリーマンの価値を再認識してみる

銀行はなぜ、サラリーマンには（ある額までは）融資するのか？　それは、サラリーマンは基本的に、毎月確実な収入を定年まで得ることができるからです。

図3－1のように、20世紀型サラリーマンの生涯年収は2～3億円といわれています。（最近の若年人口では正規雇用の方が稀で、状況は異なる）。これほど毎月安定確実な収入を得るのは、自営業ではまず無理です。大家業ですら、空室や修繕費などのリスクを考えると、こうはいきません。

身一つあれば、何の投資もいらず、経費もかからず、修繕も不要で、**毎月、定額のキャッシュが確実に入る。こんな高信頼のありがたい商売はありません。（時間は拘束されますが）**

銀行はこの確実な収入を当てにして、融資をしてくれるわけです。裏を返せば、サラリーマンを卒業して専業大家さんになりたいという方は、**図3－1**の魅力ある大きな三角形面積分の収入を丸々手放す覚悟が必要ということになります。

図3-1　サラリーマンの金銭的価値イメージ図

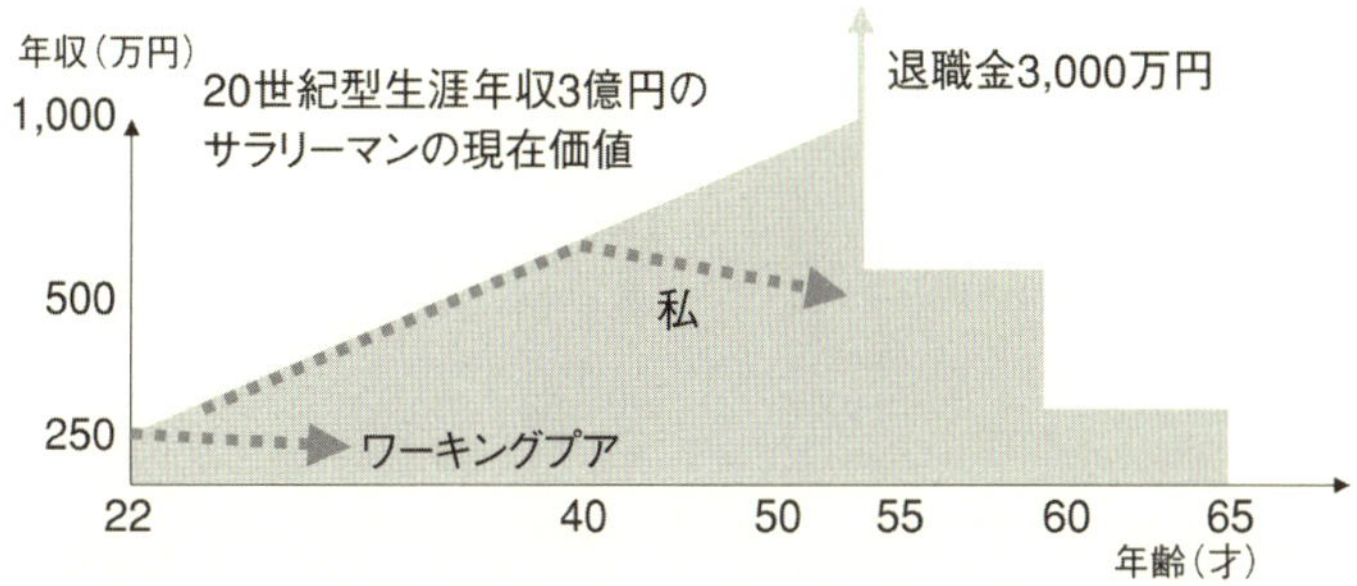

私は、この安定した収入（＝サラリー）を元に、自己資金を作るのが不動産を買うための王道だと考えますし、それを実行しました。

3 区分物件への融資は自分の将来価値の先食い

銀行は、借金を返してもらえなくなったときは、その融資を打切って物件を精算し、すぐに、貸付額分の現金を回収しようとします。

しかし、積算法のページで示したように、建物は時間と共に価値が減りますし、区分物件の土地持分金額は極わずかです。しかも、土地は共同持分なので、自分の自由に売ることもできません。

一方、毎月の家賃収入だけでは、すぐに滞った融資相当の現金を取り戻せません。ですから、区分所有は一棟物と違い、物件自身をローンの担保にすることが難しいのです。

それでも、区分物件の購入で融資を使う場合には、個人の将来の金銭的な価値（与信）を先食いして、お金を借りるということになります。

従って、融資を使って区分物件の購入戸数を増やしていった場合、給与年収見合いの金額（普通のサラリーマンの場合は数千万円程度）で融資枠が一杯となり、そこまでで融資は終わりです。いわば、図3－1の三角形の先食ともいえます。

4 時間は最大のエネルギー&パワー

それでは、担保価値のない区分物件は投資する価値もないかといえば、決してそうではありません。

サラリーマンは、給料という安定した収入があるのですから、急いで資金を増やす必要はありません。（何かの目標や事情があって、早期にサラリーマンを卒業したい方は別です）。

時間をかけながら現金で投資物件を購入し、家計がピンチの際はそこからの収入を使い、余裕があるときは貯金して物件を買い足す。この方法で、安心して今の生活を支えながら、将来十分な収入をもたらしてくれる規模に拡大していくことができます。

区分投資は1室当たりの金額が小さいため、全額自己資金での現金買いが無理なくできます。現金買いなら、潤沢なキャッシュフローが出ますから、それをすぐに活用することもできます。私のような立地重視のやり方なら、何もしなくても入居者が付きます。建物管理の手間もかからないので、サラリーマンの本業へも影響がありません。何より借金がないために、空室や滞納、事故があっても、枕を高くして眠れます（笑）。

このように、**区分物件の現金買いは、時間がかかることさえ許容できるなら、十分に魅力的です。**個人のサラリーマンだからこそ、ノンビリ着実な時間軸で投資が許されるわけです。これが人様のお金を運用するファンドや会社や事業だとすれば、時間の物指しの価値観が全く異なり、事情は大きく変わってきます。

5 自己資金をどう作る？

●何時の時代もゼロから節約で種作り

私が自己資金をどうやって作ったか？　の例を紹介します。

私が社会人としてスタートを切ったときは、忘れもしない、ダンボール2箱に詰めた家財道具と布団1式が全財産でした。これをスーパーカブの荷台に山と積み、6畳1間、2人住まい、水周り共用の会社の独身寮へ入りました。

寮に越した翌日の入社式の後、支度金という名目で5万円のキャッシュが手渡されたのが初めての収入で、物凄く嬉しかったのを覚えています。学生時代、近所の町工場アルバイトで初めてもらった給与。自宅を賃貸して初めてもらった家賃。これらと並び、私の一生で忘れられない幸せな一コマでした。

それから8年間の寮生活で、ひたすら貯めたお金が、私の投資の種（自己資金）となりました。３大散財といわれるマイホーム、マイカー、生命保険でいずれも贅沢をせず、寮、スーパーカブ、団信で済ませたことも自己資金の貯まるスピードを速めました。度々の転勤で引越しを繰返したこともあり、電話は公衆電話、家財道具はＴＶも冷蔵庫も洗濯機もなく、常にスーパーカブに積める量限りでした。どこへ行くにも電車は乗らず、燃費１２０㎞／リッターのスーパーカブが足でした（笑）。

●種を増やし実らせる方法は時代で異なる

こうして出来た種をどう増やすかです。私の入社した当時の社内貯金制度は、６％の複利固定金利で引き出しが自由な上に非課税でした。郵便局の定額貯金は６％複利で10年固定金利。ワイドという債権元本保証商品は９％複利で5年固定金利でした。下手な投資など不要な時代だったのです。

これ以外にも、95年から買った上海とシンセンのB株が何十倍にもなったり、金利6％の米ドルが90円から130円まで急騰したり、ドル急落後はNZドルでも金利と為替益で2倍以上になったりという幸運が重なりました。いずれも外貨MMFなのでキャピタルゲインは非課税です。

これらの私が使った自己資金を増やす方法は、今の日本では、残念ながら通用しなくなりました。ただし、私自身もいいことばかりではなく、時代が急変すると、常勝がいかに難しいかの授業料も払わされました（笑）。

現在、私がこれらの紙の資産に対して、本格的な投資を続けていないのは、不動産投資で目的を達成できるシステムができ上がり、よりローリスクで確実にリターンが得られるようになったからです。

●個人ビジネスとネットワークの時代

今の日本で、生涯収入が保証される人は稀です。何しろ、正規雇用のサラリーマンになるのが大変な時代になってしまったのですから。（詳細は終章参照）

しかし、昔に比べていいことはひとつもないかといえば、それも違います。今は、昔にはなかった個人ビジネスのチャンスが生まれています。
ネットビジネスやクラウドサーバー上で動く自動売買プログラム、相場の上下に関らず利益の出るＭＦファンドなどの概念は、当時、片鱗すらありませんでした。

現代は、サラリーマンであろうと、非正規雇用者であろうと、**自分の小さなビジネスから育てて行く**時代であると思いますし、それができる土壌が現代にはあります。ただし、単にネット上で何かを売ればいいかというわけではなく、「人的ネットワークを築く手段がインターネット」であるというリテラシーが、今後の核になるように思います。

さらにいえば、個人ビジネスは紙の投資と同じで、時代時代で猫の目のようにベストの方法が変わります。そのため、成功率も高いとはいえず、どんなに素晴らしいアイディアを持っていても、個人ビジネスを担保にして融資を引き出すことはほぼ不可能です。

銀行が担保に取るのは、いつの時代も安定資産である、サラリーマン自身の将来の収入と土地だけなのです。これからの時代を生き抜くには、個人ビジネスと不動産の両方をポートフォリオとして持っておく、というアプローチが重要になってくると思います。

●ネットワークの意味するものとは？

話は脱線しますが、私の似顔絵イラストは、大好きな無線通信をイメージしていま す（笑）。「まるさん」という女流イラストレーターの方に、特別にデザインして頂きました。

私はエジソンを尊敬しています。エジソンは、通信技師としてモールス・オペレータをしていた時期がありました。私は、彼が「偉人」と呼ばれるようになったのは、「通信オペレータで終わらずに、電球を発明するという偉業を成し遂げたから」だけではなく、その「電球を灯す電力を送配電するネットワークを社会に築き上げた」ことが最大の要因だと考えています。

そのモールスを電波に乗せて無線通信を成功させた人で、ノーベル物理学賞を受賞したマルコーニという学者がいます。この人は、マルコーニ無線電信会社という会社を興し、無線機の製造販売に成功しただけでなく、「同社製の無線機だけが通信し合えるネットワークを社会に構築する」ことを成し遂げました。さらに、「自社の通信

士を機材と一緒に人材派遣するビジネスモデル」でも大成功を収め、研究と実業の両方で大きな成果を上げました（残念ながら私のスケールではとても真似できません）

また脱線しますが、かの有名なタイタニック号にも、マルコーニ社の無線機とフィリップス通信長（24歳、殉職）とブライド通信士（22歳、生存）という2名の派遣された通信士が乗り込んでいました。彼らが命を賭けて、沈没まで打ち続けたSOSのモールス信号が、多くの乗客の命を救ったのです。

閑話休題。

このように、いつの時代も「ネットワーク」はビジネスで成功する上でのポイントとなります。この本の終章では、私が不動産投資でお世話になった大家さん仲間を紹介していますが、この方たちは例外なく、不動産投資の世界でそれぞれのネットワークを築かれています。そのネットワークを築く、一番簡単で確実な方法は、「まず人に与えることから」であるということも、十分に知っていらっしゃいます。

不動産経営やビジネスを育てるには、テクニックや自己資金以上に、こうして築いたネットワークが大切なのではないか？　と私は感じています。

4章

優等生物件より、個性アリ物件を探す

あなたが今、区分物件を買うとしたら、どんな条件のものを探すでしょうか？　抜群の立地に建ち、築浅で属性のいい入居者が住んでいて、管理が良好な大型レジ物件を、競売か任売価格程度で安く購入したい。

決済した当日から、自動的に家賃が入ってくれば、さらに理想的……。

きっと、そんな風に考える人が多いのではないでしょうか。

その気持ちはわかりますが、ご存知の通り、このような**優等生物件**は、ほかの投資家たちも狙っています。プロ・アマ入乱れての競争が激しいので、表に出てくることは稀で、**なかなか買うことができないのが実情です**。

それでは、普通の個人投資家である私たちは、どんな物件を探せばいいのでしょうか。

この章では、物件の選び方を中心に考えてみることにしましょう。

1 優等生物件の資格

次からは、立地、築年数、総戸数などの条件について、理想的な条件（かっこ内の太字）と、理想から外れても検討に値する場合の条件について、紹介していきます。

1　立地（山手線内側、駅徒歩5分が理想的だが高い）

（1）賃貸で利益確定するなら郊外もＯＫ

・郊外で賃料の高いエリアならインカムゲインだけで利益確定が可能

・地価の高い都心部はインカムではペイできず、将来の売却益で利益確定する戦略が必須

（2）区外、周辺部でも、ホットスポットがある

・管理が前提にある仲介売買会社さんは、労なく賃貸付けできる都心の物件を勧めてくるが、大家の視点で購入価格・家賃・空室率のバランスがとれれば周辺部で十分

（3）将来競争物件が出来にくい場所

・駅から物件まで、RC系の商業建築物が多ければ将来も競合物件が建ちにくい

・木造レジ系や、駐車場が多い場合、競合物件が建つリスクあり

（4）郊外、駅遠でも賃借人が安定確保できればOK

・近くの病院のナース寮、近所の会社や学校の寮として借り上げてもらえるケースも移転や倒産のリスクも配慮し将来の読みは必要

（5）駅徒歩30分でも可能性はある

・駅徒歩30分でもバス停1分なら切り捨てず、賃貸需要を調べ、検討してみる

・地元の生活インフラがすぐ近所ならバス便エリアでも、駅からの距離はあまり関係ない

・賃貸客は駅近くでなく、物件の近所にいる可能性もあるので、良く検討してみる

2　築年（築浅が良いに決まっているが）

（1）単純な築年数だけでは、切り捨てられない

（2）総戸数100室以上のファミリー混在物件で、建物・管理がしっかりしていれば長期の利用が可能

（3）抜群の立地にあれば、取り壊しを想定した（仮想）土地持分（権利）の利用期待価値を期待するという考えも

3 総戸数（大規模がいいに決まっているが）

（1）僅か10室程度でも、修繕積立費が十分あれば問題はない

・毎月の積立修繕金＝8千×10室×12ヵ月×10年＝1千万円

・10室程度の物件なら、1千万円で全棟十分大規模修繕できる

・修繕費は高いが、家賃も高く取れる➡ペイできる価格で買えればOK

4 建物（総タイル貼りが良いといわれているが）

・総タイル貼りは、銀行の転売時の評価が下がらないというメリットがあるが、銀行員が住むわけではないし、一部モルタル吹付でも住む人には関係ない

・コンクリートを酸性雨での中性化から守れれば、タイルも吹付けでも目的は果たせる。吹付けの場合は出口価格は低いので、その分を見込んだ価格で買う

5　修繕積立金（もちろん多いに越したことはないが）

・積立金が赤字だとしても、新築時、各戸1千円／月だったのが、現在は5千円／月に値上げされているなどの対応がされており、数年後に黒字転換できるなら検討可能

その場合も、現在の修繕積立費で、10数年後の大規模修繕金がいくらになるか、シミュレーションしてみる。近年は管理組合で借入れもでき、それで修繕が回ればOK。

6　入居状況（良好な賃借人のオーナーチェンジ物件が理想だが）

（1）空室で購入する場合

・入居後の決済を条件とする（業者さん売主の中間省略物件で、その業者さんが管理する条件なら、賃借人の信用も安心）

（2）リフォームを条件に決済する

・シャワートイレや、IHクッキングヒーター、洗濯機置場など設備増強等も交渉の余地を探ってみる

7 方位と階数（南向きの高層階なら文句なしだが）

（1）北向であっても、ダメとは限らない。
・シングル世帯は日当たりより眺望&夜景を優先することも
・特に幹線道路沿いの北向き部屋は眺望が良好

（2）1階でもダメとは限らない
・1階の専用庭を好む人もいる
・周辺構造物によって、外部からは容易に侵入できず、見えにくい構造なら防犯面の不安は取り除ける
・家具の搬入や、物の保管には1階が便利。足がご不自由なご老人には住みやすい。

8 出口戦略（短期の保有か長期の保有かでリスクが変わる）

短期・転売益戦略の場合は、以下のリスクがなくなる
・建物老朽化のリスクなし
　管理組合、修繕積立金残高のリスク影響小
・賃借人がいないというリスクなし
　空室の方がリフォームしやすく、滞納リスクもない

・維持コストを無視できる

2 自分に必要な本質価値（個性）を見極める

上記のような条件を突き詰めていくと、結局は以下の最終目的を満たすための目安に過ぎないことに気づきます。言い換えると、以下の7つの項目さえ満たしていれば、一般的な優等生物件の条件に合致していなくてもOKといえるでしょう。

1、投資物件の出口をどうしたいのかを、イメージする

家賃が高いエリアのシングル・レジ系を安く買えれば、賃貸商品としての寿命内の家賃で、十分に利益確定ができます。元が取れた後も、まだまだ貸して利益を積み増せます。

一方、ファミリータイプのオーナーチェンジ物件は、保守維持費が割高なので、実需向けとの差額を狙い、退去時点で実需顧客へ売却する方法が有利でしょう。格安物件を購入してリフォームを行ってからすぐに売却する方法も、実需向けには有効です。

大切なのは、自分の**投資目的を明確にし、それに最も適したストーリーをイメージ**

してから物件を選ぶことです。

2、入口から出口までの間の手残り金額の累計額を試算する（収益還元価値）

インカムゲインだけで利益確定が不可能な場合は、途中で売却する戦略を採ります。多くの場合、都心部で立地が良すぎる物件には、その傾向があります。

一方、都心周辺の路線価30万円以下程度の立地にある物件は、建物の賃貸商品寿命内でのインカムゲインだけで利益確定できる確率が上がります。

3、その期間で建物を賃貸商品として維持できるか予想する

投資予定の期間中の専有部&建物全体の維持をイメージ・予想します。自分の寿命の方が先に尽きると思える程、しっかりした物件なら、永久ホールドもありでしょう（笑）

4、投資物件の中古市場での各段階でのポジションを把握しておく（積算価値）

2章で示したように、路線価と建物の築年数から、区分専有部の積算価値を試算することができます。その物件の理論価値を知ることで、その物件が市場でどの程度のポジションにあるかの目安を把握することができます。

5、その金額からどの程度の利益を得たいかを検討する

物件の理論価値に対して、売り手や仲介業者さん等、関係者の事情を考慮して、いくら位なら買いたいのか、どの価格で投資するのかを決めます。一人よがりでは、投資は成功しません。皆が利益を分け合うことができ、HAPPYになるポジションを配慮します。

6、保有期間での収入変化を予想する

家賃が入らなければ、丁寧なシミュレーションも絵に描いた餅です。①で描いたストーリーでは、将来に渡って家賃がどうなるかについても予測を立てます。パッとみた条件が悪くても、安定法人の借り上げの可能性が高いなど、継続的な収入が見込めれば、掘り出し物物件になりえます。

7、投資期間で自分が注ぎこめるエネルギーを考慮する

会社員をしながら賃貸運営をするためには、そのためにかけられる時間とエネル

ギーを考慮しておくことが重要です。大きな利益を生みそうな物件でも、自分の手に余る物件では、想定した利益を得られないリスクが高まります。

例えば**本格的リフォームが必要な空室物件は、自分でセルフリフォーム**できるか、リーズナブルなコストで意に添うプロの工事パートナーを持つ、力量がある投資家だけが、手にすべき物件なのです。

ワケありの入居者が滞納状態で占有している物件を安く手に入れても、退去に成功できなければ、負債を抱えるだけです。これも、**退去交渉のリスクが採れないと、簡単には手を出せません。**

縁もゆかりもない遠方の土地で、こちらの立場で管理してくれるパートナーがいないとします。すると、大家よりも地元のリフォーム業者さんとの関係が強い管理業者さんが、退去のたびに、フルコースのリフォーム見積もりを突きつけてくるかもしれません。

もちろん、現地にこまめに通い、**強くグリップできる独自の管理業者さんを開拓できる時間とエネルギーがあれば、物件との距離は関係なくなる**でしょう。

大切なのは、自分がどこまでできるかを理解しておくことです。

5章

購入ルートの開拓方法と注意点

これから、不動産投資を始めようという方が、最も興味があり、かつ、悩ましいのは、どういうルートで物件を購入するかでしょう。

競売が有利であることは前述のとおりですが、不動産投資初挑戦のサラリーマンには、そう簡単なことではありません。任意売却も、特定のルートを持っていない人にはなかなか情報はまわってきません。

インターネットは手軽に物件を探せますが、一般的には売れ残り物件が最後に辿り着く最下流の市場といわれています。（残り物に福がある場合もありますが（笑））

本章では、そんな悩める新規参入者の皆さんが、有利に物件を購入するためのルート開拓の方法を研究することとします。

不動産投資が株式投資と最も異なるのは、**相対によるインサイダー取引**が慣習として認められていることです。この点について、とくに注目してほしいと思います。

1　不動産業者さんの経営戦略を知っておく

一口に不動産業者さんといっても、その内容は様々です。

新規参入者が初めて中古の投資用区分マンションを売買仲介してもらう場合は、この中でも、オーナーから直接仲介物件を買い上げてその物件を買い手側に仲介する「物上（ぶつあげ）業者さん」をあたるのがいいでしょう。

なぜかというと、このルートなら、**売り主に近い比較的上流の位置で物件を購入できる**からです。

よく、「物件は買取業者のプロが買い取って、利益を抜いて再販するから、素人投資家にいい物件は回って来ないよ」という人がいますが、そうとも限りません。

確かに、そういう物件もありますが、誠意ある優秀な業者さんに見方になって貰うのです。

また、仲介業者さんから買う場合、業者さんは物件価格が高いほど手数料が高くなるので、**売り主側への値引きが大きいと、その分、業者さんの仲介手数料（物件価格の3％＋6万円）**は減ってしまうので積極的でない場合もあります。

しかし、単なる仲介売買ではなく、売主から物件を買い上げて、その物件を再販する買取再販の場合、売主からかなり安く買い上げた物件なら、利益を乗せてもまだ割安価格になります。

例えば、５００万円の売主希望価格物件が出たとします。これを仲介売買すれば、業者さんの仲介手数料は21万円です。一方、売主から、物件を４７９万円以下で買い取ることができれば、５００万円満額で再販できれば、売買差益としての業者さんの利益は仲介手数料（21万円）より大きくなります（経費等は考慮しない単純モデル）

そこで、買主はこの物件を業者さんが４６０万円で購入できた場合、最初の５００万円ではなく、４９０万円（業者さん利益30万円）で必ず購入します。と、お願いするのです。

これなら、**指値が入るほど、業者さんの手数料は増える**方向へ動きますので、売主さんと価格交渉にも力が入ります。勿論４７９万円で仲介してもらえれば買主だけは最も得をします。しかし、普通、不動産取引は仲介業者さんが間に入ります。物件を早く現金に変えたいという売主さんでしたら、買手、業者さん皆がハッピーになれる方法が一番成約しやすいのです。仲介、買取どちらで行くか、業者さんに味方になってもらい二人三脚で歩めば良いでしょう。

2 物上げをご縁とする

そこで大切になるのは、どの業者さんをパートナーに選ぶかということです。信頼できる業者さんにパートナーになってもらう最も確実な方法は、**信頼のおける先輩大家さんに紹介してもらうことです。**

または、物件を1室でも持っている方なら、「物上げの電話」を受けたことがあると思います。そのチャンスを生かしましょう。

私のところにも、「オーナーさんご所有の○○マンションをご売却になりませんか?」と毎日の様に電話があります。その際に、ぶっきらぼうに断るのではなく、「今は、買い物件の方を探しているので、ぜひ未公開物件の御紹介をお願いします」と、逆にこちらの要望を伝えるのです。

業者さんによっては、物上げと仲介の責任分担が異なり、相手にされない場合もありますが、売買が成立すれば、**仲介営業マンは自分の成績に直結**しますから、本気度が伝われば物件を紹介してもらえる可能性はかなりあります。

そのあとの成功は、あなたの選別眼次第です。

3 ワンストップソリューション

「相続対策のための運営を任せられるワンストップソリューションを提供して欲しい」「現金を不動産へ変えたいのでとにかく、手間のかからない方法がいい。そういう業者さんとお付き合いしたい」という方には、投資用区分物件にローンを付けて販売した上で、家賃保証を含めた管理まで行ってくれる業者さんがいいでしょう。

ポジションとしては下流なので、取得価格は割高になりますが、運営の手間はまったくかかりません。それでも目的が果たせる方には、ひとつの選択肢といえるでしょう。

多くの場合、こういった業者さんの仕入先はオーナーから直接でなく、前述の物上げ業者さんです。利益が2重に乗って割高になるのは、**手間がかからない便利さの付加価値料金と割り切るしかありません。**

4 投資家と業者さん、両方の視線を持ち、自分を守る

ここでは、投資家として自分の身を守る護身術を紹介します。投資家の自己防衛視

線から、あえて業者さんに辛口の断面から切ってみます。

投資用ワンルームというと、しつこい電話営業などマイナスの印象が少なからずあるでしょう。以前からあるパターンとしては、新築ディベロッパー系の販売会社さんからの、名簿データによる電話勧誘が知られています。

最近では中古物件を扱う仲介業者さんや管理業者さんからも、既存物件の登記簿をあげての営業が増えているようです。独自の提携銀行融資まで付けていることもあります。

こういった業者さんは、個人投資家からの売物件を探して買い上げる物上業者さんの持つ物件を、まとめて仕入れています。私も、取引のある物上業者さんから紹介された物件が、こういった業者さんの仕入れと競合することがあります。大丈夫か？と思える高値で指してくるので、大抵買い負けます。

管理まで請け負う業者さんは、立地や建物は抜群の物件だけを選別して買って行くのが特徴です。その理由は、**「賃貸管理が楽だから」**です。そして、買手のお客さんが現れると、その方**個人の属性に応じた与信枠**を調査して、枠一杯になるまで、次々と物件を紹介して、**はめ込んで行きます。**

当然、区分物件それ自体は担保にはなりませんから、個人与信枠一杯になったら、**そのお客さんはゲームオーバー**、仲介売買によるはめ込みはおしまいです。

それまでは、**「仕入値と投資家への売値の差益」＋「手数料」をその投資家から物件の数だけ、繰り返し取れます。**

そのあとは、数10年間、物件の毎月の管理手数料がほぼ自動的に入ってくるわけです。**もともと立地とグレードが抜群の物件に限定していますので、労せずして、賃貸をつけることができます。**

私のところへも、「お持ちの物件を是非管理させてください」と登記簿を調べての勧誘電話が毎日のようにかかってきます。私が持っているような都心の好立地区分物件は、老朽化してもきちんと保守していれば、労せずして客付けできるので、業者さんからみれば魅力的なのです。しかも、保守費用は全額オーナー負担です。

これが郊外にある戸建賃貸なら、管理させてください、というプロポーザルはないはずです。業者さんのメリットが少ないからです。

もちろん、**都心の区分マンションにも欠点があります。それは入居率が良いため、将来期待値が織込まれ、取れる家賃に対して、物件価格が割高（低利回り）**であることです。

しかし、そのデメリットは仲介・管理業者さんではなく、**個人投資家が背負います**から、業者さんの腹は痛みません。

現金を持たない人でも与信枠さえあれば、その方の「属性」を「与信」として人質にすることで、銀行は利息という果実を、業者さんは手数料を、長年に渡って搾り取ることができるのです。（ちょっと露骨な言い方で、申し訳ありません）

ビジネスや投資は、弱肉強食のサバイバルゲームです。ですから、業者さんのことを悪くいうつもりはありません。個人投資家の方は、こういった**業者さんのポジションを理解した上で、自分が利益を出せるような投資方法を心がければ良い**のです。

5 経年変化のリスクも投資家だけに降りかかる？

建物管理を請け負う業者さんが、割高な管理費を請求してくることがあります。例えば築浅物件のエレベータについて、年額60~70万円のフルメンテメニューを管理組合に提案してくることは珍しくありません。現実は、新しいうちは、ＰＯＧ契約で、この1／2～　1／3のコストで十分保守できるのに、です。

しかも、積立修繕金の状況は、全棟管理業者さんにはガラス張りですから、お客の財布の中身を見ながら商売ができるのです。相手の手の内を見ながらポーカーをやっているようなものです。

管理業者さんから見ると、管理費は最後まで一定か、もしくは老朽化によるコスト増を理由に値上げするかの二択を選べる状況です。値下げはありえませんから、将来の利益が保証されているようなものです。

一方、建物の方は経年老朽化が進んで、減価償却分の価値が毎年下落しますが、そのリスクは投資家が背負います。

ですから、個人投資家はこういった経年変化による**物件価値の下落（売却価格下落）、管理積立修繕金の値上げ、家賃下落、空室なども、購入時に全て計算に入れて、買値を決める必要がある**といえます。

詰まるところ、**こういったコストをすべてリスクとして盛り込んでも、投資がペイできる価格で、物件を購入**することが重要なのです。

6 インターネット物件が良い場合もある

中には、そんな怖い業者さんを頼らずに、インターネットで自分でコツコツと物件を拾っていきたい方もいるでしょう。

前に最下流とも述べましたが、ネット掲載物件が決して駄目というわけではありません。注意して見ていると、**数カ月以上放置**され、何の動きもない物件があります。

その手の物件は、ネットを見慣れた人も仲介業者さんも、売主も、売れないことに慣れてしまっている場合があります。そんなときに指値を入れると、**意外な価格で成約できる場合があるの**です。

その他、ずっと売れずに放置されていた物件でも、売主さんの事情が急変して、価格に関係なく買い取ってくれる人を探さざるをえなくなるようなケースもあります。そんなタイミングで指値を入れられれば、ラッキーな取引になるかもしれません。

また、手間無く、成約スピードを上げるため、**飛び切り良い条件の物件を一瞬ネットに出し、瞬間に、発見して、即連絡してきた買手に売る。という方法を採る業者さんもあります。**ただし、そのためには、ネットを常に見続ける時間と手間が大変です。

7 WinWinの関係構築

個人投資家は、通常は仲介業者さんを介さないと物件を買うことができません。ですから、**業者さんとはWinWinの関係**を築けるといいでしょう。

自分が得をするには、相手にも得をしてもらう必要があります。営業マンは毎月のノルマがありますし、会社としての年度末の予算達成もあります。そのタイミングに合わせて成約したり、物件を欲しい知人や物件を売りたい友人など、新規の顧客を紹介したりすれば、喜ばれるはずです。

もし、あなたが営業マンなら、こんなことまでして、自分の成績向上に寄与してくれる顧客には、真っ先に未公開の上流物件を紹介したいと考えるでしょう。

それ以外にも、ときどき業者さんを食事や飲み会に誘って、色々と情報交換するのもおすすめです。

前述のように、相対のインサイダー取引が商習慣となっている**不動産投資業界では、人間関係が非常に大切**なのです。

8 その不動産会社の得意な物件をお願いする

不動産会社には、会社ごとに得意とするジャンルがあります。

一般オーナーから広く物上げすることを得意とする業者さん。過去に自社で販売した特定のシリーズのマンションをオーナーさんから買い上げて、再販している業者さん。物上げはしなくとも、独自の人脈で、未公開物件だけを仕入れて買取り、再販している業者さんなど、得意技はそれぞれです。

各社の特徴を知り、**持ち駒に合わせた物件リクエストをお願い**すれば、効率よく有利な物件に巡り合えるでしょう。

9 担当者に合わせてお願いする

担当者にも、色々な事情があります。仲介物件を扱っている営業マンは、買主と売主の気持ちや事情が変わらないうちに、スピーディに契約までは持っていきたいはずです。その場合は、それに合わせて翌日にでも契約してあげれば喜ばれます。

売れ残った買取再販物件を、決算期ぎりぎりで現金化したい場合もあるでしょう。その場合、相手の希望する期日までに、決済してあげるといいでしょう。

必要なときそこにあるお金は、そうでないときに比べて何倍もの価値を発揮し、相手を喜ばせるのです。

10 自分視点の条件でなく、担当者が紹介しやすい条件に噛み砕いてお願いする

物件の紹介を依頼する際には、担当者が紹介しやすいようにブレークダウンした条件を伝えると、チャンスが増えます。

投資家が、「築後25年以内でインカムゲインだけで投下資金が回収でき、空室率5％、家賃下落率1％で推移し、15年後の下落した売却価格が80％以内と予想できる物件」とリクエストしたとしても、担当者はいちいちそれを計算したりしません。

それよりも、買う側が自分自身でターゲットエリアの路線価や賃貸動向を調査した上で、「○○線××駅エリアで、築△年程度の、価格帯幾ら位の物件を希望します。例えば□□マンションなどです」と、具体的にお願いするほうが、結果は早く出ます。

1日に何百室という物件情報をさばいている営業マンは、一人の顧客の視点で、い

ちいち数値を計算している時間はありません。物件が出たら右から左で、あなたへ即辿り着ける仕組みを作っておくことが大切です。

11 エリアを調査し、地域の特徴を頭に入れておく

どんな物件を買えば自分の希望とする数値をクリアできるかは、日頃からの観察と研究を重ねることでわかってきます。ポイントのひとつは、自分の得意なエリアに地域を絞ることです。

将来の管理を考えると、**自宅近くなど、ゆかりのある地域に、そういう場所があれば、それに越したことはありません。**東京に住んでいて、近所にいい場所があるなら、わざわざ札幌や福岡の物件を調査する必要はないと私は思います。なぜなら、購入後の長年の管理を考えると、距離が近いほど、自己裁量の選択肢が広いからです。

地方に住んでいる方は、近所でこれが叶えば、わざわざ東京で買う必要はないでしょう。特に地方の戸建等、土地付一棟物件は地場の業者さんとグリップすれば有利と考えられます。

6章

スピード重視の物件調査

物件情報を入手できたら、その物件を調査して、購入するか否かの意思決定を相手に伝えなければいけません。

そのために必要なこととして、**トラックレコード、インスペクション、レントロール**等の調査があります。これにより、リスクとリターンを見極め、投資の可否を判断するのです。

相場より安い物件、利回りが高い物件など、条件のいい情報をもらうと、つい「買いたい」という気持ちが膨らむものです。

しかし、安い物件にはそれなりの理由があることも珍しくありません。

また、「欲しい」気持ちが先に立つと、物件が持つリスクに気づかないこともあります。

不動産投資で成功するためには、情報を入手したとき、浮き立つ気持ちをグッと抑えて、冷静に物件の良し悪しを判断することが大切です。

この章では、前書では触れなかった「物件調査の押え所」を紹介したいと思います。

区分物件は小口切売の完成商品なので、一棟物件に比較すれば調査はラクです。気持ちを引き締めてしっかりと調査をしてください。

1 区分はとにかくスピードが勝負

業者さんから未公開上流物件情報を紹介してもらったら、買付けはどのタイミングで入れればいいのでしょう。投資用の区分物件の場合、ズバリ、その日のうち、できれば数時間以内が望ましいといえます。なぜなら、いい物件は非常に足が速いからです。以前、こんなことがありました。

業者さんと親しくなると、売値がまだ決まっておらず、買手がそれを決められるという物件が回ってくることがあります。その日も、1枚のＦＡＸに物件名と住所、築年、部屋番号だけを書いたリストが送られてきました。

都心中心部の抜群の立地のものが10件程掲載されていました。すぐに、買値はいくらでも良いから至急返信してほしい、と業者さんから電話がありました。

私は、前述したようなシミュレーションに基づいて、買値を決定しました。現地を見に行く時間はなかったので、インターネットで物件調査をして、その日の夜までに、全物件の買値を返信しました。しかし、そのときには私の指値よりはるかに高値で全物件が売れてしまっていたのです。このように、立地の良い区分物件は、誰もが狙っています。

2 インターネットで30分以内に決断

次に、買付けの具体的なイメージを追ってみましょう。

まず、物件情報が電話、FAX、メイルなどで届いたら、間髪を置かず、インターネットでその物件名を検索してデューデリジェンス（物件調査：詳細は前書を参照願います）を行います。築年、総戸数、建物外観、家賃相場、取引事例価格程度は、30分以内で複数のサイトから情報が収集できます。

マイソク資料もまだ作られていない、たった今、売主の売却意思確認が取れたばかりの未公開上流物件は、情報が物件名のみという状態で紹介されることがあります。こんな場合にも、投資の可否を判断するための最小限の情報は、上記の手法でアッという間に収集することが可能です。

3 最重要なのはインスペクション

次に、**Google Map の Google Street View を開いて、物件周辺をぐるりと回って見ます。**カメラのアングルを上下左右にスィープすると、建物や敷地に関する次のようなことを確認することができます。

・各室のベランダの生活観から、入居率が想像できる
・建物外観の汚れ具合、痛み具合から前回大規模修繕後からの経過年数を予想できる
・道路からエントランスを覗くと、掃除や手入れの度合い、建物の傷み具合が把握できる
・自転車置き場やゴミ置き場を覗くと、管理レベルが想像できる
・植栽が綺麗に手入れされているかを覗くと、積立修繕金が潤沢にあるかどうかがわかる（財源が苦しければ、維持費のかかる植栽は真っ先にカットされるため）

このほか、物件から最寄駅までの道路を散策してみると、街の雰囲気はどうか？　どんな雰囲気の商店街か？　交通量は？　人通りは？　などを観察することもできます。

このように、現地へ行かずとも、**インターネット上だけで建物、その周辺や駅までの街の雰囲気などを30分もあれば調査できるのです。**

また、ネット上で管理会社・建設会社の名称と物件名称を組合せて検索してみると、会社の大規模修繕工事施工実績データを見ることができるので、そこから、目的

物件の修繕履歴を確認することができるでしょう。

4 オーナーチェンジ物件はレントロール

投資用区分物件を買う際は、オーナーチェンジで購入するのが一般的です。そこで重要となるのが、レントロール（入居者調査）です。

これは、インターネットでは調べられないので、情報を送ってくれた**仲介業者の担当者さん経由で、オーナーさんから情報をもらう**のが、最も早くて確実な方法です。

その仲介業者さんが売主さんから直接物件を預かっている場合には、生の入居者データが手元にあるはずです。そこから過去の滞納状況なども入手できる可能性が高いので、できるだけ詳しく聞き出すようにします。

入居者の属性や保証人の属性についての書類も入手できればベストですが、購入前の個人情報入手はコンプライアンス上の問題があるため、簡単ではないかもしれません。その場合は、**電話で聞き出す**しかありません。

このあたりは、アナログテクニックの発揮しどころです（笑）。

入居関係で一番気になるのは、その物件の家賃下落率の経年変化がどの程度か？

ということでしょう。長年、区分物件投資を経験している方は、注目している物件の10年程度の家賃推移は頭に入っているかと思います。

しかし、初めての物件については、調査をしなければわかりません。**仲介業者の営業マンの記憶や経験から教えてもらう**のも良いでしょう

家賃については、Home's 不動産アーカイブのサイトでも、全棟内の家賃坪単価を見ることができます。このデータを見て、**同じ向き、同じ間取りの部屋同士での、家賃のばらつきを見ます。**このばらつきが大きい物件ほど、家賃の経年下落が大きいと推定できます。

昔入居した部屋は高い家賃のまま更新されており、最近入居した部屋ほど、家賃が低くなっているということです。反対に、ばらつきが小さい物件は、入居時期に関らず、家賃がさほど下落していないと推定できます。

5 契約前には必ず現地を見ましょう

以上は、物件情報を入手後、間髪を入れずに買付けを出して、物件が他の買手へ流れるのを防ぐための、最小限の調査方法です。

こうして抑えてもらった物件は、**契約前に必ず現地まで足を運び、インターネットや電話では調査できなかった部分について調べるようにしましょう。**実際に物件内に身を置いてみると、ＦＡＸでもインターネットでもわからない五感で感じる何かがあるはずです。

古くても明るい感じ。新しいけれど、何となく冷たい雰囲気。老朽化していて、そのまま大地の中に溶け込んで入ってしまいそうな感じ…。

こうして**全身全霊を総動員して感じ取った空気感は、入居者が始めて物件見学に来て感じる印象に近い**ものがあると思います。

このほかにも、現地でチェックしたい部分があります。まず、建物内部の共用部のメインテナンス具合は、インターネットではわからないので確認します。もし、屋上が見られる構造でしたら、防水工事の状態も見ておきましょう。屋上が無理でも、外階段からルーフバルコニーの状態から屋上防水の痛み具合を想像できます。

コンクリートの大敵は水です。共用部外壁のつなぎ目や、専有部バルコニーや窓枠周囲と壁面のつなぎ目、これらのシリコンコーティングに柔軟性があり、撥水作用が維持されているかについても、触って確認します。

バルコニー等のシルバーコートや、ウレタンコート面に細かい亀裂が入って、硬化していないか？　などは現場で触ってみないとわかりません。

管理人さんや、居住者から聞き取りができれば、過去に専有部間や、共用部で漏水トラブルがなかったかどうか等も聞き取ってみるといいでしょう。


また、気になる物件全体の入居率は、カーテンが付いているか、ベランダに生活感があるか、電気メーターが回転しているか等の方法で、推定することができます。

物件の前面道路の交通量や騒音、居住者層の雰囲気、近くの工場の臭いなども、その場に足を運ばないと分かりません。

物件から駅までの間で見かける客層を調査することも大切です。週末の夜間など、学生で溢れる街もあるでしょうし、若い勤め人で賑わう飲み屋街もあるでしょう。この辺りの実感は、空室募集時の顧客ターゲットをイメージする重要なヒントになるはずです。


このように、現場に身を置き五感で感じる体験を繰り返し、それを経年変化でトレースすることで、新規物件の調査時に、自然とその物件の将来性を感じ取れる第六感の感覚を磨いていけます。

投資の命は、この「将来を予想するセンス」にかかっているともいえるのです。

6 足の速さの考察

区分物件の足が、どうしてこんなにも速いのかを考察してみましょう。

大きな理由は、一棟物件のようなリスクが少ないことです。土地や建物は共用持分なので、複数の人に常に監視されています。不備があれば、自然と自浄作用で改善されます。

一般に不利とされているこれらの点が、見方を変えればメリットになるということに、驚く方もいるかもしれません。

また、現金で買える金額のものが多いため、融資付けと関係なく、買手が「欲しい」と意思決定するだけで買えるというのも人気の理由のひとつでしょう。

裏を返せば、出口で自分が売却する際も、売値次第（場合によっては売値なしで出す）では、即日売却も可能であるということです。

つまり、区分物件は不動産とはいえ、**換金性に関しては証券に近いスピードを持っているということができるでしょう。**

7章

区分物件管理の極意

同じ不動産投資でも、一棟物の投資と区分投資では、その中身は随分と違います。ひとことで言うなら、物件管理に手間がかからないのが区分物件投資の最大のメリットです。言い換えると、区分物件にはオーナーにとって便利な管理の仕組みがいろいろと付随しているのです。

それが、区分投資は特別なノウハウが不要で、初心者にも挑戦しやすいと言われている所以です。

しかし、オーナーにとって便利な区分投資の管理の仕組みも、いつもうまくいくとは限りません。管理を依頼する相手が悪ければ、管理会社を変える必要があるかもしれません。管理会社に任せきりにするのではなく、自主管理に切り替えた方が利益が膨らむケースもあります。

すべてを同じ方法で管理するのではなく、物件ごとの特徴に合わせて、手法を変化させることができるのも、小回りが利く区分投資のメリットです。

この章では、区分独特の管理の特徴について紹介しながら、様々なケースを例に、それぞれに合った管理の手法を考えていきたいと思います。

1 物件に管理システムが付属している

区分所有マンションの大きな特徴の一つに、図7－1のように、物件に管理システム（建物全体＆専有所有部分）が付随して売買されることが多いという点があります。購入した時点で、賃貸管理、建物管理等のシステムが物件に付随しているのですから、小さなビジネスを丸ごと買うようなものです。全く同じようなシステムをコピーするように繰り返し増やして行くだけなので、とてもシンプルなので誰にでも出来ます。

これが、戸建賃貸等の一棟物件だと、管理は自分で引き受けるか、信頼できる管理会社を見つけて、そこへ託すということになります。一棟物件で、管理までついている場合もあるにはありますが、その場合にも、建物全体の管理についてはオーナーが全責任を持ちます。

それに対し、区分所有マンションの場合は、物件の管理については管理組合が皆で管理し、さらにそこから建物管理会社へ委託されます。ここが区分所有の利点でもあり、欠点でもあります。

私は自宅を探していた時期を含めると20年以上、多くの区分マンションを購入し、長年に渡って、経年変化をトレースしてきました。その間、管理がずさんになって、どうしようもなくスラム化している物件に出会ったことはありません。

つまり、**複数の目**（複数のオーナー、管理会社、各入居者）**で常に監視されている区分マンションは、無難な状態で管理状態が保たれやすいということです。**

ただし、欠点もあります。実際に管理組合に入って理事や理事長を経験し、組合総会等に対応してみると、やはり、区分所有のオーナーが建物に深く関与することには限界も感じます。一棟物件の辣腕大家さんがやるように、管理が放棄されたボロ物件を格安で購入して、ピカピカに再生するといったウルトラCは不可能です。

区分所有物件の管理については、管理に手間隙をかけず、当たり前の平均点運営ができれば十分といったところです。

図7-1　ワンルーム1室とアパート1棟の運営体制の違い

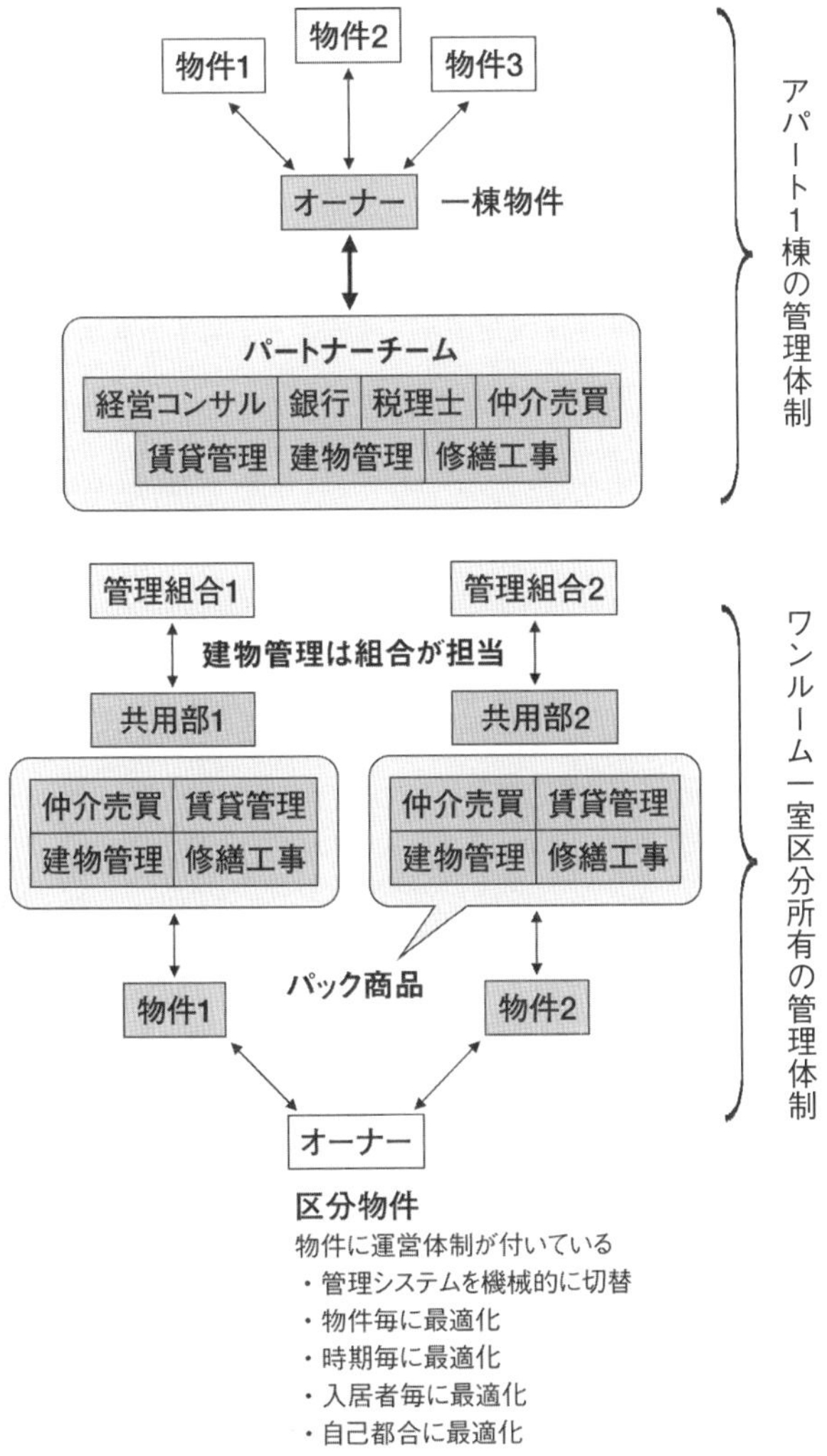

2 巻き直しの戦略

区分所有物件には管理システムが付いていると述べましたが、場合によっては、売主の前オーナーさんが使っていた管理システムを切って、自分のパートナーの管理業者さんに管理を依頼し直したり、管理会社には委託せず、自主管理に切替えたりした方が良い場合もあります。

それは具体的には、どんな場合なのでしょうか？

●自主管理でも家賃保証同様!?

一つは、自主管理に切替えた方が明らかに手間がかからず、ローリスク・リターンアップが確実な場合です。

例えば、物件のすぐ近くにある優良企業等が寮として借りてくれていたり、公的法人（役所や病院など）が10数年以上も職員寮や、施設目的で借りてくれていたりするケースがそれにあたります。

私が購入した物件で、こんな手間いらず物件にもかかわらず、管理会社を入れて家賃保証で管理している元オーナーさんがいました。きっと、管理会社へ任せきりで、誰が借りているかもわかっていなかったのでしょう。

私は、購入と同時に管理会社を外し、自主管理に切替えました。なぜなら、空室や滞納は発生しませんし、何かあっても、その会社や法人のスタッフが対応してくれるため、管理に全く手間がかからないからです。これなら、遠方でも十分に自主管理できます。

●一点集中作戦

もう一つは、**自分の懇意にしている管理業者さんへ管理物件を集中させる戦略**です。これは、一棟物件大家さんの定石手段です。管理戸数を集中させ、支払う管理料金総額を増やすことで、その管理会社さんの中で自分と自分の物件の地位を高めてＶＩＰ顧客となり、優先的に賃貸付けして貰うことが期待できます。

しかし、一棟物件大家さんに混って、区分物件を数室預けた程度では、普通の管理会社さんにはまず相手にされません。

区分物件投資家がこの戦略を取れるのは、夫婦ふたりで区分物件の管理だけをやっているような**小さな管理業者さんへ、その会社の得意なエリアにある物件だけを集中**

してお願いするという場合です。家族経営の場合、300室の管理物件があれば十分に経営は成り立ちます。そこへ、例えば30室をまとめて管理委託すれば、それだけでもうVIP扱いです。

●引き剥がしの戦略

次のような理由で、管理業者さんから、物件を引き剥がしたほうがいいという場合もあります。

① 家族経営の小さな業者さんで事情があり、賃貸管理能力が低下した場合
② 大きな管理会社さんが借上保証条件などを一方的に低下提示してきた場合

①は先ほどのVIP戦略が裏目に出てしまうケースです。小さい業者さんの場合、個人の力量に頼っているため、家庭や健康など様々な事情で、期待通りの賃貸付や管理品質&能力が出せなくなる場合があります。その時は、やむを得ず管理会社を変えることになります。

②は、大きい管理会社では珍しくないケースです。こちらが弱い立場なのをいいことに、相手から一方的に契約更新時に条件を下げて通知される場合があります。その

際、委託戸数が多ければ、家賃以外の色々な条件を絡めて交渉できますが、どうしても合意できない場合には、背水の陣を敷いて、管理会社を変えるのも一案です。

3 部屋毎に最適メニューを選べる

一棟物件の場合、部屋ごとに管理会社を変えるというわけにはいきません。しかし、区分マンションでは、そのときの事情や入居者の特性ごとに最適の管理メニューを選ぶことが可能です。

例えば、次のような選択肢が考えられます。

・空室になったら家賃保証に切替え、契約更新時に入居が付いていたら、集金代行にする。
・集金代行で運営中、空室になったら、即、家賃保証に切替える。
・一般募集&自主管理をしてみて、手間がかかる入居者とわかったら、家主代行管理に切替える。
・一般募集&自主管理で、家賃問題以外はとくに問題がなければ、契約更新時、滞納保証会社と契約を条件とする。
・賃貸業者を通さず、直接相対契約をした入居者に手間がかかりそうな場合、あとから管理会社さんを入れる（区分所有なら、部屋ごと、人ごとにこれができる）
・専有部同士や、専有部と共用部など、複数の利害関係者にまたがる問題が発生する物件は、建物管理会社へ専有部管理も専属専任で任せる。例えば、築年数が経過した物件の漏水問題など。複数のオーナー、入居者複数の利害関係者間の調整、対策を短期に解決しやすい。

同じ部屋でも、入居者が変われば、入金や、クレームの状況も変わります。入居者が入れ替わる毎に、上記のどの管理方法か、**最適なものを選択する**ことで、余計なコストと管理の手間を省くことができます。

つまり、1室ごとに購入する区分所有物件には、**入居者に合わせた最適の管理システムを構築できる**というメリットがあるのです。

一番の問題は、大家さんにそれをやる手間と時間が取れるか？　ですが、裏を返せば、こういったことを実行する大家さんは、区分の世界では多くないので、こまめに実行できれば、かなり有利な賃貸運営ができるはずです。

4 ポートフォリオの管理メニューグループ化する

こうしたフレキシブルな物件管理の選択肢を、いくつかの物件ごとにグループ化できるのも区分ならではのメリットです。

例えば、次のような分け方が考えられます。

・購入時、新築販売時の会社が建物と専有部の両方を一括管理している物件で、**それをそのまま踏襲する**グループ（一度外してしまうと元には戻せない商習慣です）。この大きなメリットは、専有部と共用部、あるいは、異なる専有部間にまたがるトラブルが発生した際に、ワンストップソリューションで、大家は全く手間なく、問題解決ができることです（詳細は後述します）。さらに、自社物件は原則、賃貸商品寿命期間は家賃保証するのが商習慣です。

・前述の様な、自分が**これぞと思う管理会社さんに集中**して物件をお願いするグループ。その選択肢は、地域という切り口に限定する必要はありません。

例えば、自主管理をしていた売主から買った、管理が付いていない物件だけを集める。

自分が自主管理していて、手間がかかる入居者だけの物件を集めるという具合に、**管理の省力化と、管理業者さんへの物件集中効果の一挙両得を狙えます。**

・単純に、**同じ地域の物件をまとめてその近くの管理会社さんにお願いするグループ。**

何といっても地場の業者さんは強みがあります。賃貸付けの際の案内、緊急時の現場駆けつけ等、地の利を生かした管理をしてくれるはずです。また、同じ地域のものをまとめて頼まれた管理会社さんにも、時間や経費の面でメリットがあります。

5 最新の運営状況

本章の最後に、皆さんが最も興味があると思われる最新の賃貸運営実感について、伝えたいと思います。２０１１年11月末現在、世界はユーロ危機の真っ最中です。前回のリーマンショックのときに危惧したことが、起きてしまったという印象です。

これまで、賃貸需要は景気の動向には遅効性があり、経済動向の影響は小さいといわれていました。しかし、**最近の都心部区分物件では、このセオリーは急速に通用しなくなってきています。**

若いシングル世代の雇用形態は非正規が大半となり、**人口流動の大きい都心部**を中心に、**企業による景気対策リストラは頻繁に行われています。人が道具か資金と同じように扱われているのです。**

私の所有する34室も、ギリシャショックと同時に3カ月間で7室が空き、再び次の3カ月で目まぐるしいほど埋まるという過去にない動きを見せています。

都心でも、15年前は敷礼2・2でインセンティブ等皆無だった物件が、ここ2～3年で敷礼ゼロゼロ、フリーレント、広告料付が当たり前となりました。今後、**団塊ジュニア世代が中高年を迎え、今まで増加し続けていた世帯数が減少し始める2015年以降は、**都心のシングル物件でも、空室、家賃下落、キャッシュアウトが続く大変な時代が来るでしょう。

都心の駅近でも、普通の賃貸運営では、**ゼロゼロ、広告料1か月分、フリーレント、家賃下落率1・5～2％／年、平均入居期間2年、平均稼動率90％。**こんな厳しい数値が当たり前になるのではないでしょうか。

8章

最近の購入物件事例

セミナー等でお会いする多くの方から、前書「サラリーマン大家さんが本音で語る中古マンション投資の極意」を執筆したあとで、どんな物件を新規に購入したのか教えて欲しいという要望をいただきます。

そこで、この章では、私が購入した物件の最新情報を報告します。

物件自体は極平凡な当たり前のものですから、それを伝えることが本意というわけではありません。

目的は、そこに至るまでの考え方のプロセスを知ってほしいということです。

私は基本的に、都内の客付けのしやすい一等地を選んで物件を買っていますが、実験的な意味を込めて、あえて郊外の物件を買うこともあります。

一度買ってみて、いい市場であることを確認できたら、そのあとで買い足すこともあります。価格はもちろん大切ですが、安く買えるから、という理由だけで購入することはありません。

私のこれまでの購入事例が、区分投資を始めようとしている皆さんの物件選びのヒントになれば幸いです。

1 相模原市橋本

●良く知った近所で、発展中、リニア新幹線も期待

橋本は、実験の意味で1室は賃貸運営したいと考えていたエリアです。その理由は、このエリアが将来発展することが、様々な理由から明白だったからです。

予想通り、最近、特別行政区に格上げされ、相模原市「緑区」橋本と地番変更されました。私の生活圏でもありますが、ここまでに京王新線開通、国道の立体交差や高層マンションの新築等、急速な街並みの発展振りを見ていました。最近では中央リニア新幹線の地下駅誘致も盛んです。

リニア新駅のもう一つの候補地である相模原駅前にも1室、実験的に購入した部屋があります。現時点では、この両駅のどちらに中央リニア新幹線駅が誕生するかは決定していません。仮に橋本にこなかったとしても、京王相模原線も新規に開通しましたし、その始発駅として、朝は座って新宿まで通勤できる人気駅という強みがあります。人口増加地帯を走る横浜線、JR相模線の始発駅でもあり、3路線が利用できます。

区分物件の場合、このように、**ここぞと思うスポットで実験的に1室単位から所有することができます。**その結果が良ければ、そこで本格的に物件を増やし、NGなら素早く撤退するという方法をとることも可能です。

この物件の購入のきっかけですが、盛夏のある日、長年お付き合いのあるR社さんから、「相模原市橋本で物件が出ました」と電話をもらいました。今でも第一報は電話です。電話は、受けると同時に**色々とインサイダー情報を聞けるというメリットがあります。**

物件情報は、売主さんが売却の意思を表明したばかりで、R社さんがこれから価格交渉に入るので、仲介か買取かは価格次第ということでした。つまり、その時点では売値なしの物件ということです。空室ですが、その分、内装はフルリフォーム渡しという条件。駅から3分程度、9階の南向きで、眺望、日当たりは抜群です。敷地内に、空き駐車場もあります。

橋本駅周辺は、条例により一定規模以上の物件は敷地内駐車場が義務付けられています。この立地の駅近で物件敷地内に車が持てるのは、大きなメリットです。**車を使う法人の事務所利用貸も期待**できますし、駐車場料金のおかげで管理組合の財源も潤沢です。

あえて空室を購入したのは、自分自身のこのような予測が実際にはどうなのかを、賃貸募集で実験・実証してみたかったからです。

「価格は芦沢さんが決めてください」とのことでした。賃料は駅直近なので、同棟内や周辺相場から4・5〜5・0万円でなら確実です。そこで手数料込み300万円でお願いして、成約しました。

2 登戸

●家賃だけで利益確定可能、2路線使え、駅近を整備中

初夏のある日、最近知り合いになった若手社長さんから連絡がありました。この方は23歳の若手営業マンで、R社を退社されて、つい数カ月前に自分の会社を設立したばかりでした。

この社長さんからは、以前にも物件を買ったことがあります。聞くと、**会社を設立後、最初の成約物件が私だった**ということです。そのときは宅建免許もなかったので、私の方から宅建免許を持っている方を紹介するなど、色々とサポートさせて頂いたおかげか、真っ先に売り情報の連絡をもらえました。

登戸駅から5分程度の築18年の1K物件で、「売主さんの売却確認が取れたばかりなので、芦沢さんが値段を付けてください」とのことでした。それによって取引方法を決めたいとのことです。**社長の取り分も考慮した上で、売主さんの事情も鑑み、流通ルートなりの妥当な値をお願いしないと成約できません。**

登戸は、JR南武線と人気の小田急線がクロスした場所にあります。昔ながらの商店街の歴史が長く、地権の関係から駅周辺の整備が進んでいませんが、最近になって、動きが見え始めました。多摩方面、新宿方面、川崎方面の3方向のいずれへも便利な立地です。

前述の橋本、この登戸と、都心から離れたマイナーなエリアを買ったのには以下の理由があります。

・**ポートフォリオの築年を若返らせる**ため、築20年以内の物件を探していた。
・20年前はバブル直後で、当時の新築物件は周辺部に多い。
・この年代の物件は、**大きな残債を抱える物が多く、そこからの脱却が最優先**

で、**とにかく売却**できれば満足、という売主さんが少なくない。

・一般論では都心を外しているので賃貸が弱いが、**私の生活圏**であるため賃貸需要を肌で読め、**必要に応じて自身で賃貸付けできるエリア**である。

・誰もが買いたい都心の競争激戦区の物件よりも、**一般の方が気付かない、ローカル物件の良さ**を発見できる。

・このエリアなら、**インカムゲインだけで利益が確定できる。**（都心物件は古いものが多くなってきているにもかかわらず、賃貸需要期待感で高止まりしており、売却を前提にしないと利益確定できない）

・半年ごとに転勤している私は、この時期、日本橋から**多摩地区に転勤**していたため、家からすぐ近所の物件だった。

投資はすべて、未来の期待値を買う行為です。代表は株価の将来予想でしょうか？

とはいえ、不動産の賃貸需要の未来は、誰にも断定できません。しかし、それが、**自分の五感で実感している地の利**なら、長所も短所も分かっており、その**未来は想像しやすい**といえます。

しかも、物理的に近い場所なら、マクロ的には相場が下落して来ても、自分で自分の物件をリスクコントロールして挽回しやすいわけです。これが、不動産投資は土地勘のある場所が良いといわれる所以だと思います。

3 吉祥寺

●駅徒歩30分、バス便物件でも根強い賃貸

吉祥寺といえば、住みたい街アンケートでいつもトップの街として有名です。中央線と井の頭線の2路線が利用でき、渋谷と新宿に直結しています。

転勤後、吉祥寺、三鷹方面への定期出張の仕事が続き、あの有名なジブリ美術館近所へ良く通っていました。中央線三鷹駅と吉祥寺駅、京王線仙川駅、井の頭線久我山駅に囲まれたエリアは、**皆が住みたい人気の街でありながら、バス便生活圏**です。(ジブリ美術館もバス便です）妻の出身校もあるので、この界隈奥地の事情は実感しています。

そんなある日、お付き合いの長いTさんから、この近所の物件紹介がありました。3月の期末決算期を控えていたTさんは、抱えていた買取在庫物件を早期に売却する

必要に迫られていました。在庫物件の資料をドサッと頂き、つらつらと見ていると、このエリア内の物件が目に入りました。駅徒歩30分・バス便が敬遠され、売れ残ったようです。

見せてもらった資料は在庫物件のマイソクなので、記載された売値はあってないようなものです。Tさんに値引きをお願いすると、月末までに成約できるなら390万円でOKとの返事でした。

そこで、登記料、IHヒーターへ交換、洗濯機置場新設にかかる費用を負担してもらうことと、賃貸付後の決済を条件に購入を決めました。Tさんからは、年度目標ノルマを達成できたと感謝されました。

16㎡の3点ユニットながら、利回16%は私にとってもありがたい取引でした。それ以上に駅徒歩30分、またはバス便で10分ながら、あっという間に賃貸が付き、入居後も吉祥寺駅近の賃貸業者さんから「あの部屋、まだ空いていますか?」と問い合わせが続いたのには驚きました。

駅徒歩30分を理由に、実際の賃貸需要が見逃され、売れ残った物件ですが、皆が気付かない、その価値に気付けば、競合相手がなく、ゆっくり吟味して購入できること

を学びました。

4 町田

●神奈川県西部の東京!?

私の出身地である神奈川県は犬を横から見た形に似ています。その背中側の首の付け根に食い込んでいる東京都が町田市です（笑）。

最近、地方の衰退が顕著ですが、私の本家がある秦野市等、神奈川県西部も例外ではありません。

秦野市内で、元自宅の戸建を賃貸に出して順調に運営している従姉もいます。しかし、マクロ的な人の流れは、東京へ向かっており、小田急線西部沿線の特に若い学生は、手軽に東京へ出るには、まず町田を選びます。

つまり、町田は神奈川文化圏（?-）で、**神奈川西部のお手軽東京**なのです。最近は、駅西前に著名大型電気量販店もでき、駅東口前はちょっと、ニコタマ（二子玉川）に似ているような雰囲気を感じます（笑）。

終戦直後は、暗いイメージがありましたが、最近の町田は変わりました。街全体がドンキホーテの店内のようです。人気の小田急線と、人口増加地帯を支える横浜線がクロスしており、神奈川西部を新宿、横浜へと繋げます。

前述の登戸と類似したポジションですが、駅近の発展具合に雲泥の差があります。ですから、ここも以前から1室、**まずは賃貸運営実験**をしたいと考えていました。

●ウィークリーマンション

春先のある日、W社さんという会社から、物上げの電話がかかってきました。いつものように、買い物件を探してほしいと返し技でお話すると、町田駅東側徒歩8分の築16年3点ユニット1R物件を紹介いただきました。

この部屋は、**ウィークリーマンション会社が借りています。**これなら、自主管理にすれば家賃を満額手にできます。実態は、その会社が家賃保証しているようなものです。

管理の1次対応は、ウィークリーマンション会社が請け負ってくれます。万が一、何かあっても、今の住まいから近いので、1時間以内で見に行けます。例え、管理会社に委託する場合でも、物件に目が届くことはとても重要です。**自分が見て意思決定し、最適な指示が出せる**からです。

築年を顧慮した上、管理の手間と空室リスクがないに等しいと考えた私は、（W社さんの取り分と上記メリットも考慮して）、12・6％の低めの利回りで、売却してもらいました。築年数が古くなってウィークリーマンションが回らなくなれば、解約となるでしょうが、それまでは、普通のレジ系でありながら、ホテルのように高額の維持費や退去の心配がなく、安定経営ができると思われます。

5 浅草

●総戸数100室以上の築古物件

都心は圧倒的な賃貸需要で、いつも空室知らずです。しかし、**値頃の1Rは築年が進み、古い物件が多くなってきました。**手頃な物件は、**リスクを織込済みだから利回りが高い**のです。

一方、**周辺部は手頃な築年数のものを高利回りで買えますが、将来の賃貸需要が不透明です。**ひょっとしたら、ここ10年間での地方物件のように、急落するリスクもあります。だからこそ、**都心を外す場合は、自分独自のテリトリーに引き込んで、リスク制御して勝負できる土俵を作っておく必要があると感じています。**

では、都心の築古物件は駄目かといえば、決してそうではありません。実際の売買成約事例を観察していると、全国誰でも知っているメジャーな立地で、メインテナンスがきちんとしている大型物件は、古くても、家賃見合いの売買価格で下落していません。

昨年のある日、買取再販が得意で10年近いお付き合いのあるR社さんから、「浅草に100室以上ある物件が買い取れた」と電話がありました。お話を伺うと、空室なのでフルリフォーム中で、入居後渡しでOKとのことです。

場所は浅草寺《せんそうじ》の近くで、JR山手線上野駅からも歩け、大きなホテルがすぐ近所にあります。ホテルの隣のマンションの賃貸需要は手堅いですし、それ以上に、日本人で浅草を知らない人はいないでしょう。築25年と古いですが、大規模修繕金が毎年400万円以上貯まっています。今年、全棟大規模修繕が実施されました。

建物管理会社が、ゼネコンや販売系列の会社ではなく、独立系の管理専門会社であるため、ランニングコストもリーズナブルです。

この会社が管理している他の物件を20年以上、色々と見てきましたが、築年が古くても状態が良い物件が多いのです。そこで、古くはありましたが13%の利回りで譲って頂きました。

募集から2週間程度で、入居者は決まりました。やはり浅草のブランドはたいしたものです。

6 三軒茶屋

●20年間待ち続けた物件・管理室をコンバージョン

三軒茶屋の物件は、私はこれで3件目です（笑）。前述のように区分マンションの場合、小額なので実験的に投資して、**うまく行けば、後から追加で買い増す**ことができます。

三軒茶屋は、最初の物件で、絶対的な賃貸需要とそれに支えられる底堅い出口価格を実感し、**物件が出るのを、いつもじっと待っています**。この物件も、これが出たら買いたいと、90年代半ばから狙い、待ち続け、時々見に行ったりしていたものでした。

私は20年程度前から、マンション見学散歩をよくやっていました。ネットがない時代でしたので情報誌を見て、欲しいと思ったマンションをエリアごとに見て歩く散歩です。真っ先に気に入り、調査頻度が高かったのが三軒茶屋でした。

私が一番お付き合いの長いTさんは、昨年、老舗の１R会社を退社し、同僚と立ち上げた新設会社へ移られました。その際に３００名以上のお得意オーナーさんの管理を自社へ巻き直されました。

その中に、Tさんがこの物件を販売したご高齢の女性がいたのですが、ご主人を亡くされ、老人ホームへお入りになりたいので、物件を早急に現金化したいということでした。それが偶然、私が20年間ずっと欲しかった物件でした。

Tさんから詳細を伺うと、管理会社の所有権だった管理室を4年前にスケルトン状態にして、レジ系へリノベーションした物件を買って頂いたそうです。その工事で、設備はすべて新装されています。内装配管からフル設備の図面が全て付いていますから、インスペクションも満点でした。築23年とやや古めでしたが、専有部のリノベを考慮して13・4％で譲って頂きました。

本書の執筆時点では、ギリシャショックの影響か？ 空室になりましたが募集後1週間で、原稿脱稿前に24歳の女性に入居頂けました。

このように、**区分物件は、ターゲット物件を決めておき、スポットで狙い打ちすることが可能です。また、人脈によるインサイダー情報を駆使すれば、ローリスクミドルリターンの投資ができる**と思います。

7 横浜金沢区

●お客様は駅では無く物件の隣に

２００８年の事例なのですが、区分物件の特徴を巧く生かせているサンプルとしてご紹介することとします。

物上げのお電話がご縁でお付き合いが始まったM社のYさんという方からの紹介でした。

Yさんが昔、新築で販売したオーナーさんが、このたび、退職されるのを機に、残債を退職金で一掃する為、物件を処分したいというのが売却理由でした。

詳しく聞くと、オーナーさんは公立高校の先生で、共済年金も潤沢なため、特に家賃がなくとも十分生活できるので、残債を無くし、安心して年金生活に入りたいというご希望でした。利益は関係なく、現金化できれば良いということです。

一方、立地は最寄駅から徒歩15分ありました。しかし、このエリアは駅周辺よりも、この物件近くの方が、広い道路沿いにいろいろな店舗があり、開けているのです。しかも、その奥に大きな戸建住宅団地を抱えているちょっと特殊な街並になっています。

物件自体は、1階が店舗、ファミリー混在の3点ユニット1Rという平凡なものです。特徴的なのは、物件全体の管理体制でした。この**1階店舗のオーナー経営者さんが、最上階のファミリーに新築以来ずっと住んでいます。元地主が等価交換でこの物件を建て、1Rの部屋を区分販売**したものです。

現地へ行ってみると、ごみ置場はきちんと管理され、分別、日付などがわかりやすく掲示されています。自転車も整然として埃を被ったような放置がありません。

建物管理会社は新築時の系列企業が付いていますが、他の系列物件を見た経験からも、この会社では、ここまで管理に手間はかけません。つまり、**最上階にお住まいの元地主の店舗経営者の方が、住込み管理人に等しい**のです。しかも、**店舗の駐車場料金は、まるまる管理組合に入るので財源が極めて豊富**なのです。

一方、**専有部は、隣にある病院が職員寮として、18年間借り続けて**くれていました。当然この間、家賃下落はありません。もったいないことに、売主さんは、マンション販売時の系列管理会社の家賃保証契約でずっと賃貸していました。これなら、自主管理に切り替えれば、自動的に手取り家賃は増えます。

以上を調査して15・3%の利回りでお譲り頂くことにしました。現在、約3年が経過しましたが、すでに投下資金の3分の1が回収できています。その間、管理組合理事長でもある最上階にお住まいの1階店舗のオーナーさんが、**携帯電話基地局を屋上に誘致してくださいました。この賃貸料が管理組合財源の収入に加わり、財源はより潤沢になっています。**

この物件は、**人脈によるインサイダー情報により、新築時からの素性がわかっており、駅からの距離とは関係なく、すぐ隣に安定顧客がいるという有利な条件が揃っていました。**しかも、管理人住込みに等しい管理体制にも関らず、維持費はあまりかからないという、区分物件のメリットが発揮されている物件だと思います。

人気番組「何でもお宝鑑定団」のように、その物が作られたときからの由来が分かっているものは安心です。

偶然街内で見かけた中古物件はニセモノもあるかもしれません。リスクレベルが全く違うのです。

8 皆様独自の方法を

このように、私の物件購入は1室ごとに、物件と入居者を瀬踏みしながら、現金で

コツコツと買い進めてきました。

色々なセミナーでお会いする著名な先生や、大家さん仲間の皆様からは、「芦沢さんのは、時間がねえ〜」というご感想をいただきます。

正にその通りなのですが、現在の私の生活や仕事、家族を考えるとこれが一番合っています。長いサラリーマン生活と二人三脚。状況に合わせながら少ずつポートフォリオを最適化しながら、物件達に生活を支えて貰うやり方が、私の目的には最適と考えています。

本章は、物件自体の事例紹介が目的でなく、購入のプロセスを参考にしてもらうために、書いたものです。私の方法は一例に過ぎませんが、これをサンプルに分析し、それぞれの読者が自分に最適な手法を編み出されることを望んでいます。

リスク制御が可能である不動産投資は、一人ずつ最適物件が異なります。当然、物件を見分ける基準や、その方法ルートも異なってきます。

Column

◆物件のリスクヘッジ・リカバリー実験◆

不動産投資の醍醐味でもある自己制御によるリカバリー、つまり、ボロ物件を自分の手で投資商品に仕上げる例を見てみましょう。一棟物件では、ごく当たり前のことなので、ここでは区分ならではの事例をご紹介します。

1 築33年和室タイル風呂2DKを最新タイプにリノベーション

私が生まれて初めて築10年で購入し、現在は築33年になる2DKの区分物件です。部屋は和室な上、風呂はタイルのバランス釜タイプ、間取り自体も時代の競争力に合わず、セルフリフォームにも限界を感じていました。

これが、木造アパートの築33年なら、バラバラと空室が発生するごとに、建物の残存期間とのバランスを考えながら、追加投資をすることになるのでしょう。一斉退去&建替、または更地にするというやり方もありますが、それなりに大変になります。

この物件はファミリータイプだけのSRC物件で、大規模修繕を過去2回施工していました。それでもなお、積立金が8000万円以上貯まっています。

管理組合では、修繕維持の意欲はいつも旺盛ですが、建替えの兆候は片鱗すらありませんでした。建物が今後も維持されるので、貸しても売ってもOKです。思い切ったリノベで商品価値をアップするという決断ができました。

そこで、以下を条件として、大幅ディスカウントでプロにリノベをお願いしました。

・完成後は入居まで、リフォームPRモデルルームとして、同マンションの住人に限って公開する

・マンション内の住人で、同じようなリフォー

ムを希望する人がいれば紹介する
・設備、材料等、可能なものは部材支給させて頂く
・5社に合い見積を依頼し、各部の最安値で1社と価格交渉を行い、一括発注する。
(各部の分割発注をすると、施工管理に、施主は非常に手間が掛かる為)

この結果、最初の見積もりで250万円程度だった工事を、約100万円で施工してもらうことに成功しました。家賃は6・8万円から7・5万円にアップしましたが、1ヶ月以内に1人目の内見者で決まりました。

築33年物件のリノベーション

築33年2DK区分→スタジオ・1LDK・2DK自在

2　ホテルをレジ系にコンバージョン

ホテルの1部屋を区分購入したところ、経営悪化による家賃（配当金）値下げがあったので、部屋を引き取り、自主管理することにしました。この物件は、ホテルだったものが昔、競売に出され、その際にレジ系マンションとホテルが混在する物件となりました。購入の際、**自主管理へ切替ることができるというメリットを見越して買った**ので、想定内の対応です。

工事の内容は、ベッドや机などの撤去、廃棄物の処理、ミニキッチン、洗濯機置場、玄関たたきの増設などです。気を付けたいのは、消防法の絡みで、廃棄ダクト＆換気扇の追加、ブレーカーの追加（または移動）、難燃内装材の適用が必要となることです。さらに、通信インフラは必ずフロントのPBX経由となっているので、電話やネットも独自の工事が必要となりました。

CATVのインターネットサービスを利用で

ホテルをレジにコンバージョン

廃棄物処分

UBを改造し洗濯機置場を新設

ネットインフラを整備

キッチン＆洗濯機置場

きるように、自分でも、特殊な通信モデムの工事を行いました（建物の加工はプロへ依頼）。後日、入居者から高速化の要望があり、光インターネットケーブルを、管理組合とは無関係に共用部を通さず、道路の電柱から空中配線で、直接私の専有区分部屋の引き込む施工をしました。

共用部はホテルの高級感が保たれていますので、築25年の1R区分にしては重厚感があります。

　廃棄物処理も含めて総工費は70万円、家賃7千円アップし、7・5万円（利回18・8％）で、募集1ヵ月で入居者が付きました。

3　体験してみてポジションを決める

　リノベーションやコンバージョンで商品価値を高める手法は、不動産投資の自己制御の醍醐味です。しかし、これには**エネルギーや時間がかかります。**

　だからこそ、最初から一棟物に挑戦するのではなく、まずは区分物件で**小さく実験**してみて、自分でできそうな感触を得たら、大きく展開していくという方法をとれば、安心でしょう。

　もし、1室実験してみて、サラリーマンとして仕事をしながらでは、とてもできそうもないと感じたら、それはそれでいいのです。**自分のポジションをわきまえて、どこまでのリスクを取れるのか、どこまで建物に資金と労力を追加投資する戦略を取れるのかを決めていきましょう。**

　本を読んだり、セミナーや教材で勉強したりするのもいいですが、**実際にやってみて初めて、痛みとしてわかる部分があるものです。**私は実際にリノベーションをやってみて、面白くて仕方ないという感想を持ちました。しかし、何室も続けるのは、時間と労力から、仕事とのバランスで難しいとも感じました。

9章

トラブル事例

この章では、私がこれまでに体験したトラブルの実態について紹介します。

きっと、これから不動産投資を始める方は、一体どんな目に合わされるのか？（笑）と心配だと思います。

トラブルはないに越したことはありません。しかし、**だからといって、トラブルを恐れてばかりいれば、現状を変えることはできません。**

大切なのは、**トラブルから逃げるのではなく、きちんと対策を立て、万が一のときに冷静に対応できる準備**をしておくことです。そうすれば、トラブルを恐れる必要はなくなります。

実際のところ、「手間がかからない」といわれている区分物件の運営でも、トラブルはあります。私自身、様々なトラブルを経験してきました。

でも、心配はいりません。あらかじめ対処法を用意しておけば、防止、制御、対策が可能になります。

ぜひ、リスクを恐れずに、万端の姿勢で臨んでいただきたいと思います。

1 東日本大震災の被害

まず、２０１１年の東日本大震災で被害にあわれた方々に、心よりお見舞い申し上げます。忘れもしない3月11日、東日本大震災の日、私は偶然にも原発関係の顧客工場へ出張中で、非難所宿泊を強いられました。発生直後に感じたのは、物件たちは大丈夫だろうか、ということでした。

●電気温水器からの漏水

震災の翌日、都内物件の電気温水器が破損し、床上浸水となったという連絡を管理会社さんから受けました。緊急出動をお願いし、応急処置と修理を依頼しました。電気温水器には常時

図9-1　東日本大震災での電気温水器被害

写真9−1　東日本大震災での電気温水器被害

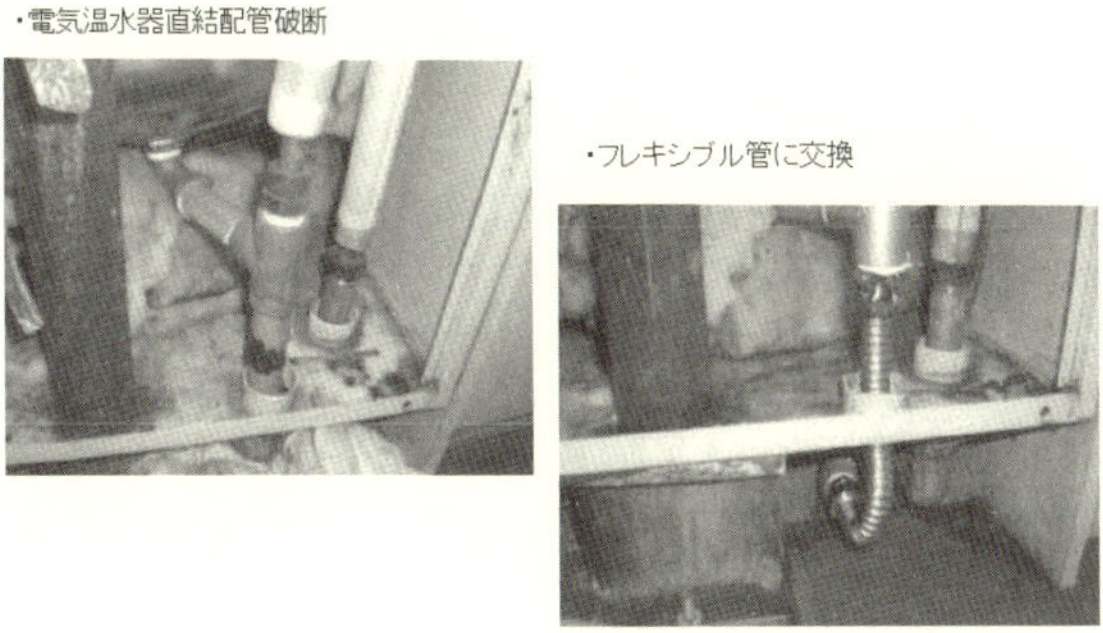

100リットル程度のお湯を貯めています。**地震の揺れでこのお湯が大きく波打ち、その揺れにタンク下部の接続管が耐えられず破損したと推定されます。**

まずは床上浸水の処理、次に漏水の防止対策、そして破損箇所の復旧です。新規部品にはフレキシブル管を使ってもらい、今後、**同様の地震が発生した際には、揺れを吸収して破損しないように対策を講じました。**

管理会社さんへうかがうと、多くの物件が同様の被害に遭ったそうです。この物件でも他に3室が同じ被害に遭い、マンション内は大わらわだったそうです。

●共用部建物被害

私の物件で唯一、下町に立地する墨田区の物件では、建物全体が被害を受けました。山の手から神奈川県方面にある他の物件では大きな被害は生じておらず、地震で建物躯体の被害があったのは、この1物件だけでした。震源地との距離も関係するでしょうが、**下町方面の地盤は弱いということが実証**された形だと思います。

具体的な被害は次のようなものです。

・**外壁のタイルが一部落下**

・建物が歪み、専有部のドアの開閉に不具合
・壁面に多数のクラック
・エントランス前の敷石タイル面にクラック

幸い、居住部分への支障は出ませんでしたが、ＳＲＣ構造建物全体が揺れで歪んだようです。全体が崩壊しにくいのはＳＲＣ構造の特徴ですが、建物全体の形状歪という面ではむしろＲＣ構造の方が有利なようです。

●地震保険

これらの被害に対して、地震保険の保険金支払いの実態はどうだったのでしょうか？

最初の電気温水器被害にかかった工事費は10万円でした。金額は僅かでしたが、実験の意味で購入していたA社の地震保険の申請をしてみました。

最初は「保険対象は建物であり、電気温水器は設備なので非適用」という回答でした。そこで、大家さん仲間で、元損保会社の複数の知人へ聞いてみると、M保険やT保険在籍だった方から次のような話を聞きました。

・新築時に付帯していた設備は建物の一部とみなし保険対象
・取外しに特殊な工具が必要な設備は、後付でも建物の一部とみなし保険対象
・専有部内設備被害でも、共用部建物に被害があれば総合的に判定

この話を管理会社兼代理店経由でA社へ伝え、再交渉しました。その結果、管理会社を通じて建物全体の被害状況を更に調査し、再申請手続きにチャレンジしてみるという回答をもらいました。

墨田区の建物全体が歪んだSRC物件の管理組合は、地震保険に加入していませんでした。そこで、後日行われた管理集会時に、今後のために現在の建物火災保険に追加で、地震オプションを加えるよう提案し、承認されました。

今回の被害については、組合の積立修繕金を使って修繕工事を行いました。事前に地震保険オプションを購入していれば、間違いなく支払対象となったので悔やまれます。

2 老朽物件の配管寿命

築26年の物件の管理会社から、ある日突然、「床下から水が沸いて、床上浸水が発

生した」と連絡が入りました。

床下スラブ（＝下階の天上スラブ）内に埋め込まれている給水管が老朽化によりコンクリート内部で破裂したのが原因でした。共用部のスラブ内のトラブルなので私の一存では工事できません。

そこで、ベランダの給湯器に繋がる破損したスラブ内配管はそのまま放棄して、私の専有部室内に新たな配管を通すことにしました。家財はそのままで入居者には一時、ビジネスホテルへ宿泊してもらいました。

幸い、専有部と共用部の管理会社が同じだったので、修繕のすべてを依頼し、私は電話で指示を出すだけで済みました。工事総額は60万円（ホテル代等含む）。入居者からは20万円の損害倍賠償請求がありました。

更に、この漏水はスラブのコンクリートを抜けて下階にまで及びました。真下には法人が入居しており機材に漏水が及んだことで２００万円の損害賠償請求がありました。

これらは、保険代理店も兼務している管理会社に、全て対応してもらいました。

結論をいえば、私の**このトラブルでの出費はゼロ。費やしたエネルギーは電話での保険適用承諾回答と書類への捺印だけ**でした。

図9-2　配管漏水トラブル1

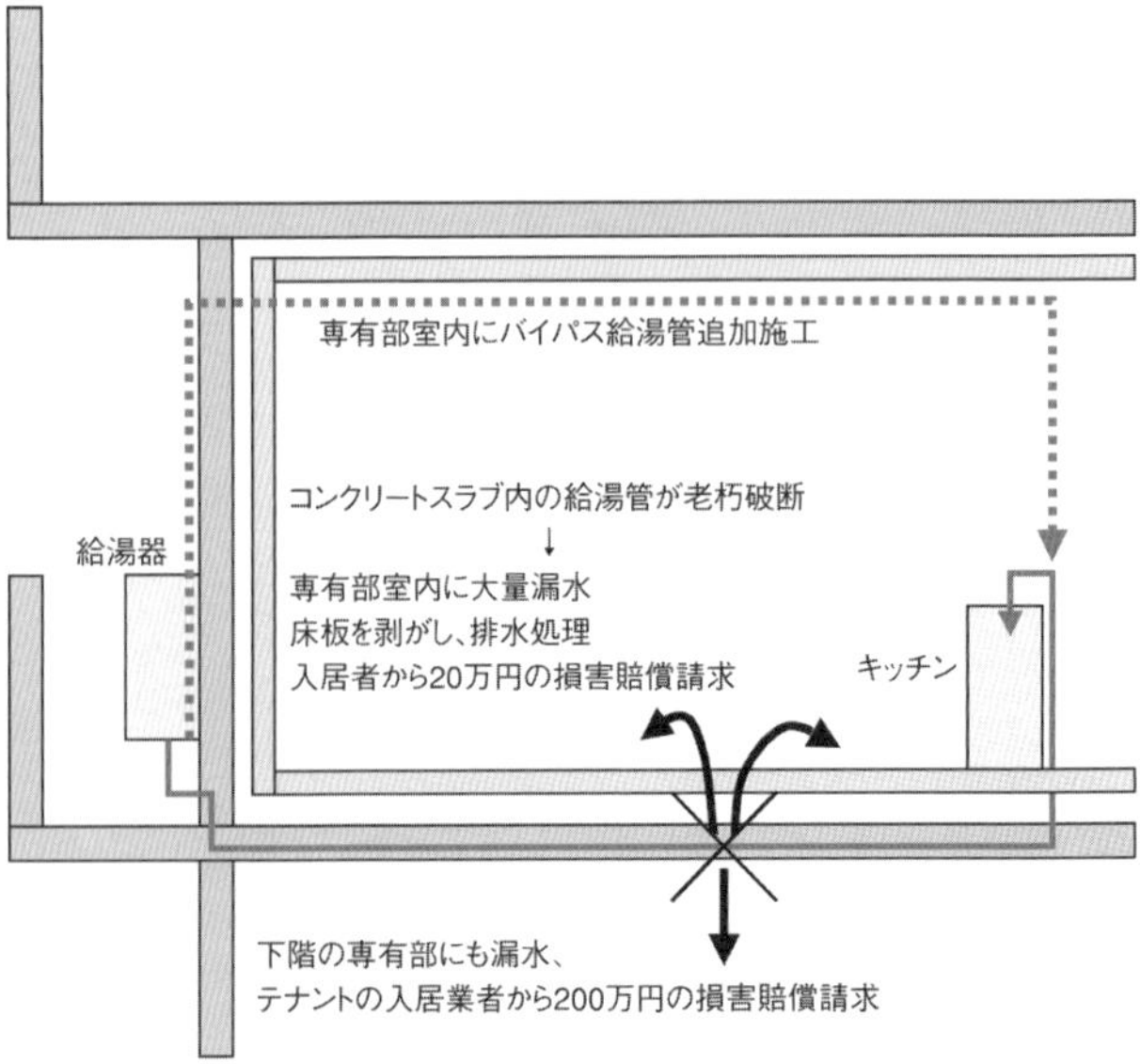
専有部室内にバイパス給湯管追加施工
コンクリートスラブ内の給湯管が老朽破断
↓
専有部室内に大量漏水
床板を剥がし、排水処理
入居者から20万円の損害賠償請求
給湯器
キッチン
下階の専有部にも漏水、
テナントの入居業者から200万円の損害賠償請求

極力目だたない経路と色で室内配管に変更

給湯管をキッチンから既設管へ連結

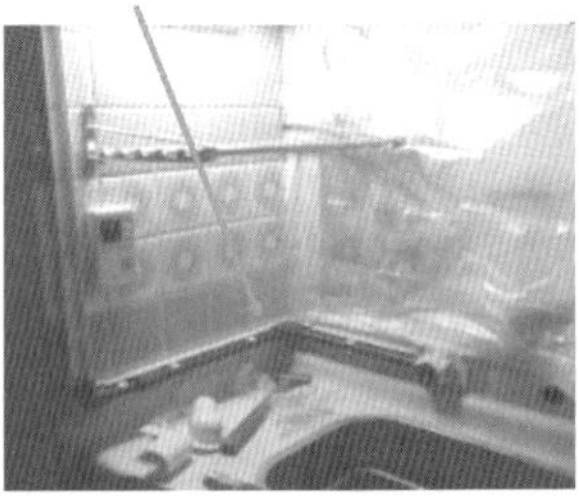

これと同様のトラブルを、別の3物件で体験しました。初期の投資用ワンルームは老朽化後の保守等が考慮されておらず、僅か30年弱で、配管寿命が来ることが実証されました。マンションは躯体内部の配管寿命が来たら終わりといわれていますが、実際に問題が発生して、無事に対応を講じられたことは、今後の投資戦略に生かすことができそうです。

3 上階からの漏水で損害賠償

築28年の物件で、窓際壁面の天井から漏水があり、入居者の家財が水を被る事故が発生しました。管理会社が調査すると、上の部屋のベランダにある洗濯機の排水が回りこんで来ていたことがわかりました。

上階のベランダとアルミサッシ下のコーキングが経年変化で硬直化してクラックが入り、そこから漏水したのです。そこで、対策として上の階のベランダにある洗濯機の排水ホースを直接排水口へ差し込む構造に変更し、コーキングも打ち直しました。

工事はシンプルでしたが、複数の権利関係がネックになりました。どういう意味かというと、私と部屋の入居者、上階オーナーとその入居者、そしてベランダ所有者権を持つ管理組合という5者の権利者間が入り乱れ、それぞれの調整が必要になったのです。

しかし、すべての部分を同じ管理会社が管理していたため、解決はスムーズでした。**私の対応は電話で管理会社からの提案に了解の判断をしただけでした。**

入居者からの60万円の損害賠償請求も管理会社が保険代理店でしたので、保険で支払いました。これが共用部と専有部が別の管理会社だったり、専有部が自主管理だったりしたら、大変な手間がかかったことと思います。

自主管理の別物件で、上の階の床下配管が破損して、その漏水が私の物件に漏れてきた事故がありました。これは自主管理物件でしたので、私がすべて対応しました。一棟アパートなら私一人でなんとでもなりますが、区分はこういうとき、権利関係が面倒です。

上階のオーナーは老齢の御婦人で、電話で対策をお願いしても中々アクションして頂けません。仕方なく、工事業者を手配して私の**専有部の天井スラブに、こちら側から防水コーキング工事**を施し、漏水を食い止めました。屋上やベランダ面防水コーキ

図9-3　上階ベランダからの漏水

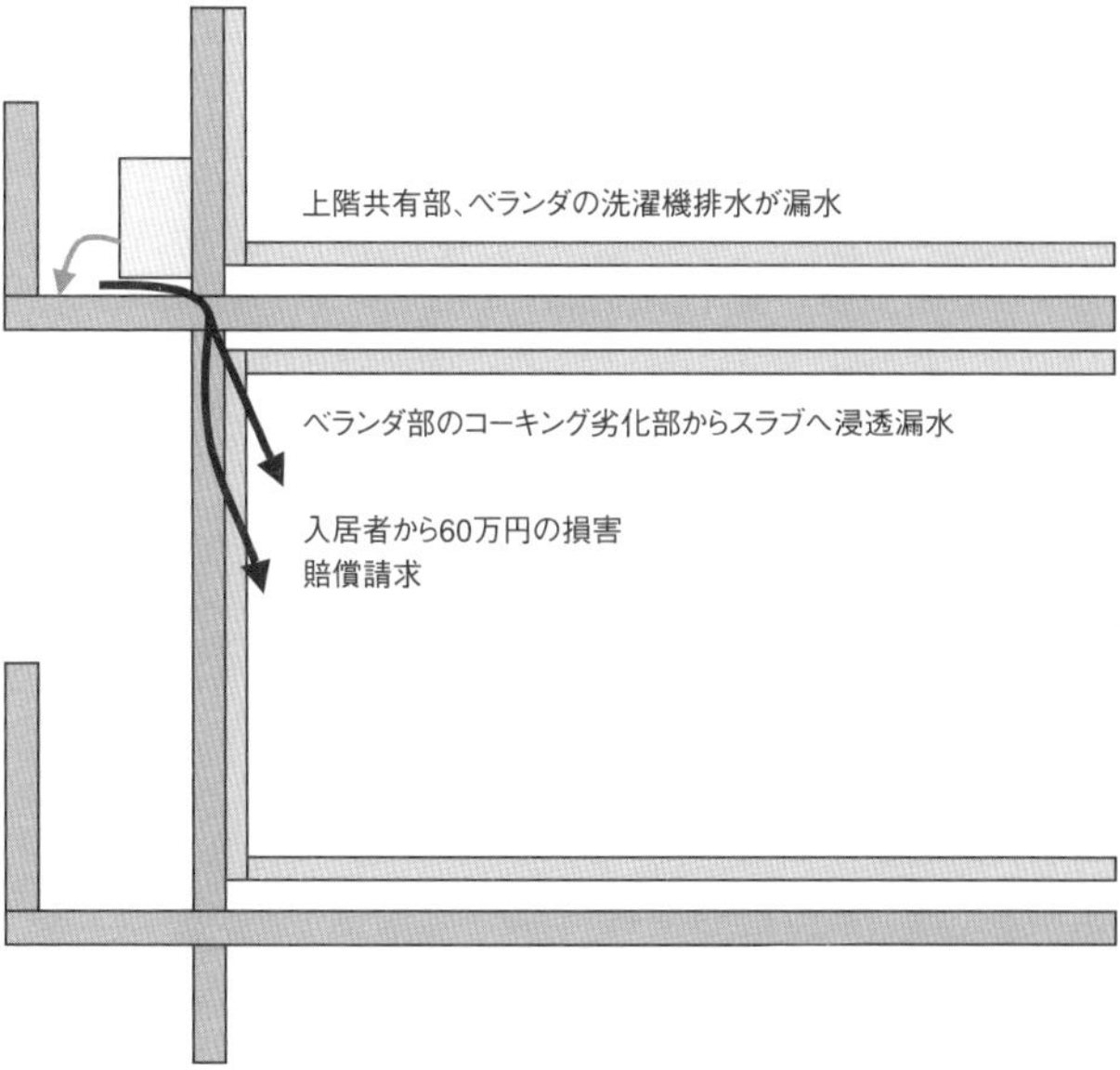
上階共有部、ベランダの洗濯機排水が漏水
ベランダ部のコーキング劣化部からスラブへ浸透漏水
入居者から60万円の損害
賠償請求

漏水対策→シリコンコーキング＆ホースを排水溝内へ挿入

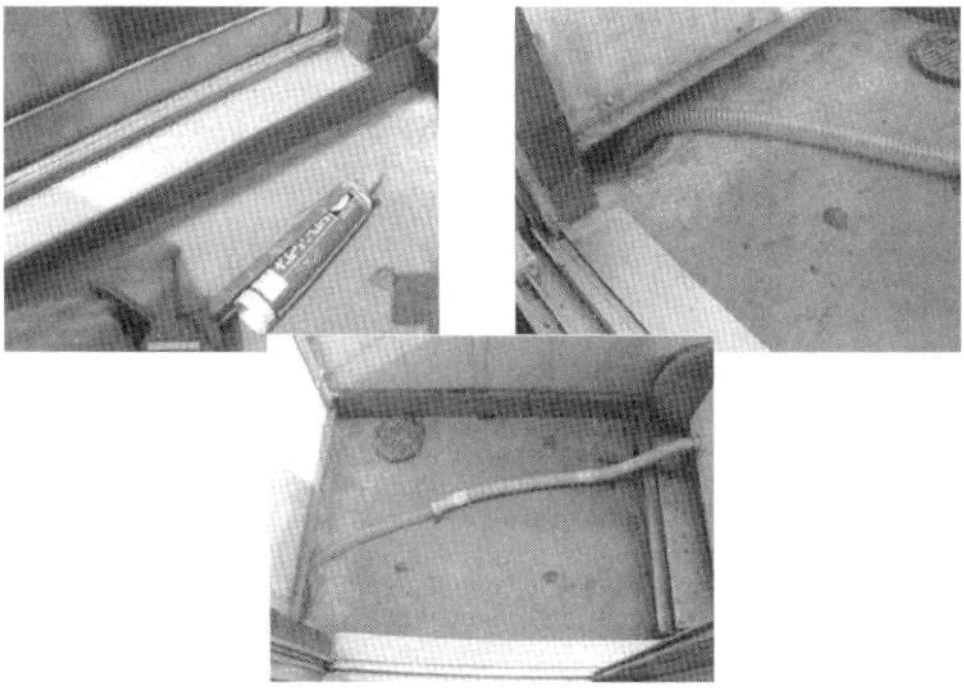

ングの逆パターンです。当然、正攻法ではありませんが応急対策としては有効でした。**工事費用は、私が購入している保険オプションで対応**しました。私にお金を支払った**保険会社さんは、上階のオーナーさんへ損害賠償請求をする**ことになります。

私は、**上の階のオーナーさんとの人間関係を悪くしたくないという理由から、**最小限の保険金しか請求しないので、**上階オーナーさんへの損害賠償はやめてくれるように、保険会社さんにお願い**しました。保険がおりたのはよかったのですが、区分にはこういった微妙な問題もあります。

この件は結局、漏水の原因だった上の階の床下の配管工事を、オーナーさんが自費で行ってくれたため、根本解決ができました。

このように、**マンションでは漏水トラブルが珍しくありません。しかも区分物件の場合、そこに複数の利権者が混在する**のでことが起きると面倒です。「水」は、オーナーの都合などお構いなしに、**何処へでも浸透**します。

コンクリートはスポンジのように何処へでも水を通してしまいます。**建物のインスペクションと、それに応じたリスクヘッジ**は大切です。

図9-4　夜逃げ

事務所賃貸物件のテナントが
倒産＆夜逃げ
↓
家財道具を残したまま行方不明

残留物を処分、リフォームして賃貸

4 賃借法人が破産して夜逃げ

賃貸業者を介さず、相対で知り合いの会社へ直接賃貸契約したところ、その会社が倒産してしまったことがありました。７・５万円の家賃３カ月分を滞納したまま、社長は夜逃げしてしまいました。「絶対大丈夫だから」という社長の言葉を信じて滞納保証会社も付けない私が甘かったのです。

残留家財撤去と内装のリフォームで７万円、家賃の未納と合計すると36万円＋７万円の損失です。**利回り18・７％の皮算用が実際には７・９％に落ち込んでしまいました。**

5 滞納様々

経済が低迷すると、滞納が増えます。管理業者さんの集金代行管理を使えばすべて任せられますが、手数料がかかります。経費を節約するためにリスクをとって自主管理をするなら、滞納保証会社との契約を入居条件にすることをお勧めします。

管理会社を通す場合、会社指定の保証会社と契約することになります。

かといって安心は出来ません。私は、保証会社が倒産して3カ月分の滞納家賃が入らなかったことがありました。大手で資金繰りに余裕のある管理会社だったので、まとめて各大家に立替え、後日、倒産した保証会社との間で債権交渉をしたようです。

この際、知り合いの専業大家さんは、倒産の情報がネット上に流れるや、即、倒産した保証会社へ駆けつけ、直接その場で、個別に滞納分の交渉をしておられました。専業大家さんの時間に縛られないフットワークの軽さは、本業の時間に縛られたサラリーマン大家は到底叶いません。


いずれにしても賃貸経営にはリスクはつき物です。

しかし、**家賃は毎月、家にいながらにして、翌月分が現金先払いで自動的に振り込まれる**という、違う職種から見たらかなり恵まれたシステムができあがっています。

普通の事業では、お客様からの支払いは手形で、現金化できるのも数カ月先が当たり前です。現金で欲しければ、こちらから訪問し、集金に回らなければいけません。

繰り返しますが、大家業ほど支払い条件の良い商売はめったにありません。

そのことをありがたく感謝し、事前に打てる手を打っておくことで、リスクを回避できるように努めてほしいと思います。

10章

出口戦略考

不動産投資をする上で、忘れてはならないことが出口戦略です。

繰り返しになりますが、現在の不動産投資はキャピタルゲインではなく、インカムゲインを目的にしたものです。

しかし、だからといって売却を絶対にしないかといえば、そうではありません。

1億円以上する都心のマンションや、数千万円する一棟アパートとは違い、区分物件は、金額が小さいため、購入できる人たちが多く、売りたいときに売りやすいというのも、ひとつの魅力です。

実質、土地の所有権がない区分では、最後まで持ち続けた先、どうなるのかが誰にもわかりません。すでに元を取った古い物件を売って、新しい物件を買うというふうに、物件を入れ替えながらポートフォリオのバランスを保ち、中長期的に見た投資効率をアップすることは、とても大切といえます。

ただし、物件を売却すれば賃貸収入は途絶えるので、売却した方がいいのか、持ち続けた方がいいのか、どちらにメリットがあるかを見極めることは重要です。

最適な出口とは、ケースバイケースだと思いますが、この章では、私なりの出口戦略についての考えを紹介します。

1 個人大家の出口とは

ファンドなどの顧客の資金を運用するプロは、定期決算と資金流出という呪縛があるために、「出口」を設けることは必須となります。しかし、個人が家賃収入を得るために行う不動産投資には、厳しいルールはありません。お金は必要な時に適量使うのがベストであり、物件を売却するベストなタイミングも、人それぞれです。

2 ポートフォリオの若返り

どんな物件でも、いつかは老朽化します。未来永劫運営することはできません。

区分物件最大の特徴は、小額で1室ずつ投資できることです。そこで、シンプルな戦略として用いられるのが、複数の物件を運営し、古い物件を処分しながら、築年の新しい物件を買い足していくという方法です。

長年運営するうち、手持ち物件の中で、将来の収益が望めないものがわかってくるはずです。そういったものから売却をし、利益を確定していくといいでしょう。その際、インカムゲインだけで初期投資額を上回っていれば、幾らで売れても利益確定は約束されます。売却物件は、必ずしも築年が古い順とは限りません。古くてもまだまだ家賃が稼げ、修繕費がリーズナブルなコストならホールドという選択肢もあります。あくまで、先の見通しで判断します。

3 老朽物件の実例に学ぶ

ここからは、よく知られている初期の投資用ワンルームを例に、将来の価値について検討してみることとします。

日本ではこれまで、区分ファミリー実需マンションの老朽化による取壊建替事例はありますが、投資用区分ワンルームの実例はまだないようです。

土地がなく、建物だけの区分物件は、経年毎に価値（売値）が下落します。ということは、いずれ（RCなら減価償却年数47年後）その価値はゼロになり、建て替えもできないまま、放置される運命にあるのでしょうか？

今、私の手元に、ある業者さんから送られてきた古い物件の売情報があります。皆様も良くご存知の、10数㎡クラス、3点ユニットの超有名区分物件です。実際の成約は、ここから更に指値が入りますが、古い物件の価値を知るための一つの目安にはなるでしょう。

●建替が決定した投資用ワンルームの売買・賃貸事例

・中銀カプセルタワー（銀座）
・売値　約３００万円
・家賃　６・０万円
・築年　１９７２年
・広さ　10平米

１９７２年に造られた銀座にある有名な物件です。

設計者の著名建築家が亡くなられ、管理組合は建替を決定しましたが、審議中だった3～4年前は５００万円程度で売られていました。現時点でも建替は実行されていません。先日、３００万円程度でこの物件の売情報を頂きました。親子で経営する個人カメラマンが事務所として6万円で賃貸中ということでした。

この方は銀座に事務所を構えることと、著名建築家のステータスに価値を見出し、建替えるまでは子供の代も永遠に借りたいと、事務所登記もこの住所で行っています。

仮に取壊された場合、接道する「海岸通り」の路線価は163万円／㎡あります。

この物件は借地権ですが、跡地の持分権利の利用価値を考えると、家賃で利益を積上げ、最終的には持分権利で利益が確定できると推定されます。

●築42年の投資用区分ワンルーム取引価格

・赤坂レジデンシャルホテル（赤坂）
・売値　890万円
・家賃　7・8万円
・築年　1971年（築後40年）
・広さ　17平米

2章で触れた積算と収益還元による計算値、そして市場での売買価格から、この物件の出口を検討してみます。積算価格は、区役所から課税証明を取り寄せ、法務局から登記簿を上げてみないと正確な値はわかりません。

ここでは、ざっくりとした概算で、比較計算してみることとします。

単純に計算すると、赤坂レジデンシャルホテルの償却残年数は、

47－40＝7年間。

残り7年間で取れる家賃は（維持費や税金は一切考慮しないと仮定しても）

7・8万円×12ヶ月×7年間＝748・8万円

法定耐用年数内では、これ以上の手取りはないことになります。

（収益還元法での割引率は、簡単化のため無視して考慮していません）

建物価値で見てみましょう。

新築時坪単価を仮に50万円と仮定します。（実際は、ユニットバス、キッチン、給湯器、エアコンなど内装費を合計すると、もっと高くなります。しかし、ここでは仮としてかなりざっくりと計算します）

17㎡3・3×50万円＝257万円

これが、新築時の建物区分の持分価値です。

そして、築年数が経った現在の残存価値は、次のようになります。

257万円－（39年×（1／47年）×257万円）＝43万円

土地分についても、登記簿を上げないと詳細はわかりませんので、以下はざっくりの試算です。

赤坂9丁目の路線価は約140万円／㎡程度です。

710戸10階建物件ですので、建物が建っている面積を想定試算すると、17㎡×710戸10階＝1207㎡

の土地と仮定します（建蔽率、共用部とも考慮していない概算です）。

すると、一戸当たりの土地持分価値は次のようになります。

1207㎡×140万円710戸＝238万円

したがって、積算による区分持分の現在価値は、次のようになります。

（土地）238万円＋（建物）43万円＝281万円

つまり、この物件の価値は、収益還元で749万円、積算では281万円となるのです。

この差が、区分物件はそれ自体の価値は低いが、利用価値が高いといわれる所以です。

しかも、実際の売値は収益還元の価格を上回る890万円とされています。

つまり、古くなっても理論値よりも、かなり高い価格で売買されているのです。

この物件を購入すれば、数億円貯まっている組合積立修繕金の一部も一緒に購入できるというメリットもあります。ですから、この価格でも売り出せば買手は付くでしょう。

●30年間の物件価格推移事例

・ニューステートメナー（新宿）
・売値　1280万円
・家賃　8万円
・築年　1976年（築後35年）
・広さ　約20平米

この物件を例に、築年の経過と市場売価の関係を見てみることにします。

代々木にあるこの物件は、80年代には1000万円台で売買されており、バブルの頃は、数千万円にまで暴騰しました。そして、私が区分物件投資を始めた15年程度前には1000万円程度に戻っていました。

当時は、狂気のような暴騰&暴落を見せたバブルの直後でしたので、私自身は1000万円を一つの物件に出す勇気はなく、もっと安く買える物件に投資していました。

しかし、もし、（投資にもしはタブーでしょうが……）私が当時、1000万円でニューステートメナーを購入していたら、8万円の家賃を15年間累積し、単純計算で1440万円のインカムを得ていたことになります。

そして、今、1000万円で売却すればキャピタルはツーペー、15年間のインカム累積で、投下資金は1・5倍程度。最終利回9・6％の投資になった計算です。

（維持費や税金は考えない場合です）

これらの事例から、好立地にある利用価値の高い区分物件は、築年が経過しても、経年減価償却どおりに下落する可能性は少ないということがわかると思います。

本物件は最近、建替え検討案があり、再利用価値が見直されむしろ値上り傾向にあります。

●妻の実家、築45年の区分物件の出口

・妻の実家（立川からバス10分）

・売値　800万円
・家賃　―（住んでいた為、実際はゼロ）
・築年　1966年（築後45年）
・広さ　約60平米

妻の実家は築45年の区分分譲物件です。16年間に渡る建替審議はいまだに未決で、現在も続いています。義母は年齢を考えてこの物件を売却し、横浜の義姉の近所に引っ越しました。その売却成約価格が800万円でした。

JR中央線立川駅からバス10分、築45年、3DK、約60㎡、和室+バランス釜（トイレと風呂はタイル貼り続き）の典型的な分譲団地区分物件です。

買手の老夫婦は、渋谷区の一戸建を8000万円で売却しての住替えでした。リフォーム業者さん同伴（物件の目利きができる方とお見受けしました）で内見され、この物件をすごく気に入って頂けました。静かに老後を暮らしたいという夢があるということでした。故義父が昭和40年代に新築を購入した時の価格は1000万円以下でした。**もし45年間賃貸していたとすれば、この間3000万円以上の家賃は有効に使えた計算です。その上に800万円で売れた**のですから、これが投資だったら、出口としては成功といえるでしょう。

4 築年と累積インカムゲインの時間推移を観察して決める

売るか、貸し続けるかの出口を客観的に数字で判断する方法にシミュレーションがあります。第2章の収益還元法を思い出してください。図10－1と図10－2のグラフでは、第2章の表2－1を元にエクセルシートを作って、グラフ化できます。ご参考にしてください。

●賃貸利益積上モデル

以下の条件で試算したモデルを次のページに示します。

・東京都心周辺部の区分1R
・築20年
・買値500万円、
・家賃6万円／月、

図10-1　利益積上げモデル

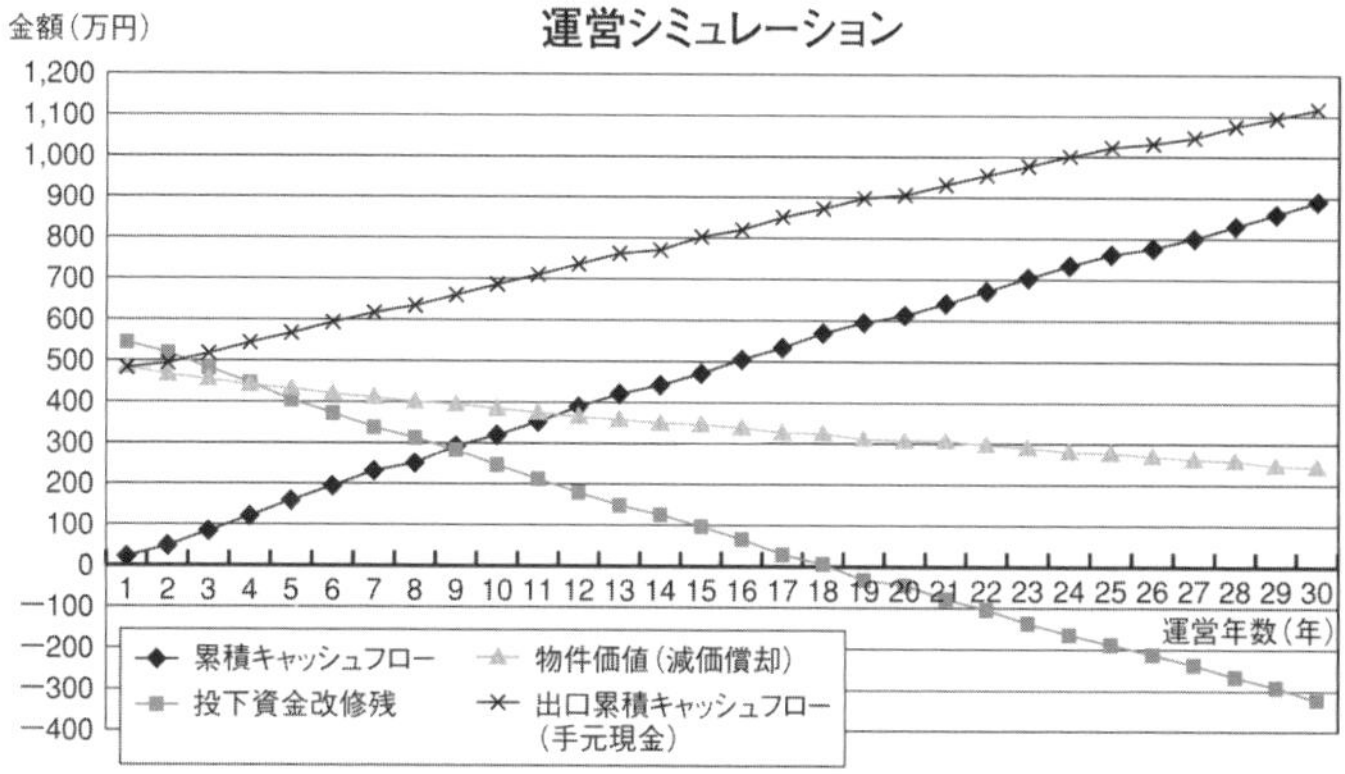

・管理積立費1万円／月、
・家賃下落率1％／年、
・稼働率90％
・維持費40万円／10年

購入後15～20年程度（途中の修繕費用で変動）で元が取れる計算ですので、築15～20年程度の中古物件なら、賃貸商品としての寿命内に、家賃の手残りで買値を抜ける（元を取ってさらにプラスになる）計算です。その後は、賃貸しても売却しても、いずれの方法でも利益を確定できます。

●売却利益確定モデル

次に、以下の条件の物件について試算してみます。

図10-2　売却利益確定モデル

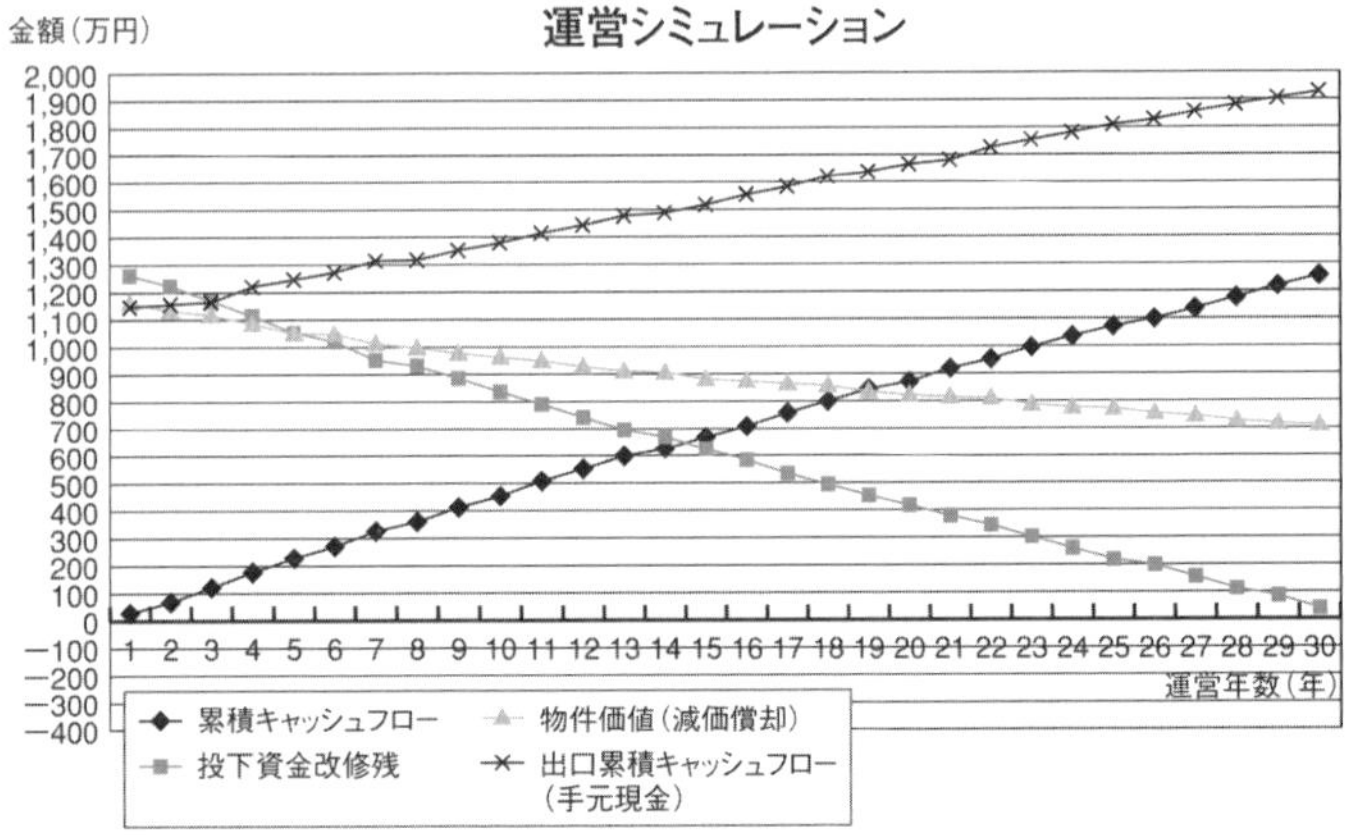

・東京都心中心部のシングル世帯のＢＴセパレーツ物件
・築12年、
・買値１２００万円
・家賃８万円／月、
・管理積立費１・５万円／月
・家賃下落１％／年
・稼働率95％
・維持費40万円／10年

家賃の手残りだけで投下資金を回収し、家賃だけで利益確定するには30年以上を要する計算です。30年は長すぎると思われる方も多いと思いますので、途中で売却した場合の利益確定を想定してみます。

10年保有したとすると、家賃の手残は

459万円、その時の売却価格は967万円（建物の減価償却を考慮）と想定されます。家賃は7・2万円に下落していると計算されますので、売却表面利回は9・7％となります。

都心部でこのクラスの物件なら買手はつくでしょうから、家賃＋売値の手残は1388万円となり、最終的には200万円の利益が見込まれます。

都心部の物件はこのように売値の底値が賃貸需要に支えられて下がらないため、常に買値も高くなり、インカムゲインだけでの利益確定は困難です。一定期間は家賃を貯めて、折を見て売却をし、売値とのトータルで利益確定するモデルを想定するのが無難でしょう。

5 区分以外との組合戦略

●個人投資は規模拡大より次の時代に備える自己変革

私の不動産投資の目的は、家族の生活のためです。ですから、家賃収入で、家計の**出費を補えれば十分**です。これが事業経営でしたら利益を追及し、拡大を続けなければなりません。この点が個人事業と起業&経営の大きな違いでしょう。

今後の賃貸運営は、人口減や供給過多により、家賃は下がり空室が増えることが予想されます。とはいえ、東京ならば古い物件でもメンテナンスをしっかりと行い、家賃を下げれば埋まるでしょう。

生活費はたかが知れた一定額です。毎月の生活費のためのキャッシュフローは一定なのですから、1室当たりの家賃は下がっても、下落分を補えるペースで物件数を買い足してゆけば目的は達せられます。**生活費と既存物件の維持費、追加投資分のキャッシュフロー額が回ってゆけば良い**わけです。

ただし、**進化しない恐竜が滅びた**ように、いつまでも同じ方法でやっていけるとは限りません。こればかりは、賃貸運営を続けながら、日頃の調査研究を怠らず、再投資分のキャッシュフローをどう展開してゆくか、その場毎に判断して行くしかないでしょう。

物件の若返りに限定しないポートフォリオの組換え。入居者に魅力あるオリジナルアパートや戸建の新築等の組入れも必要になるかも知れません。

つまり、規模の拡大でなく、**質の適正化**が必須となるということです。いずれにしても、**研究と実行力と手持ちのキャッシュが重要**となることは間違いありません。

●リスク制御不能部分は分散投資

私のようなサラリーマン素人投資家が投資で成功するには、リスクヘッジとしての資産分散が必要であると考えています。

不動産を得意分野とする（セミ）プロの方は、リスクコントロールも可能でしょうから、そこへ一点集中することで、ローリスクハイリターンの投資を実現できるでしょう。

しかし、私のような素人が区分だけに全財産を集中するのは、共同所有建物への大災害等でのダメージを考えるとリスクがあります。保険ではリスクヘッジしきれません。

そのため、現在は**手間が要らず、運用コストがかからない**World Stock INDEX、TOPIX等の**世界対象のノーロードのINDEX**ファンド、手数料が安い各種**金属（金、銀など）や商品のETFに一部を分散**し、買値を割れば買い、抜ければ売る**キャッシュとのシーソーで増やす（というよりもストックする）**こともしています。

前章で否定したバーチャルマネーの一部に頼っていることになります。これも、運用思想の分散です（笑）

リーマンショック、そして**ギリシャ&EUショックの暴落時は**、安心して買い進められました。**地球の歴史はインフレなのです**。過去何度かの**大暴落も、ＩＮＤＥＸ**

は結局もとに戻り、拡大していくことを証明してくれています。

日本人の心配といえば、公的財源借金の先送りによるデフォルトでしょう。先送りしても少子化で、稼ぎ手が減っているのですから借金を返せるはずがありません。

解決は、個人財産1400兆円を政治的に吸い上げる増税（25％程度の消費税か資産税？）か、輪転機でお札を刷りまくり、マーケットで自動清算するデノミしかありません。すると国債（一般人が銀行、郵貯に預けている貯金も裏では国債になっています）が紙になり、円の価値は暴落します。

私は東欧がハイパーインフレの真っ最中だった90年代、東西統一の際に東欧へ行ったり、アジア通貨危機の際に韓国へ行ったりした経験があります。そのときの体験から、資産を守るためには、**円を不動産と外貨と外国株に分散して持つ**しか対策はないと思い、実行しています。

当時、東欧の人達は貰った給与を$に変え、日常的に$を使っていました。人もお金も国境を感じませんでした。日本国内の制度とはかけ離れており、ショックを受けました。東欧で自国通貨が大暴落する中、$は絶対の信頼と安定性で、どの国の誰で

図10-3　ポートフォリオモデル

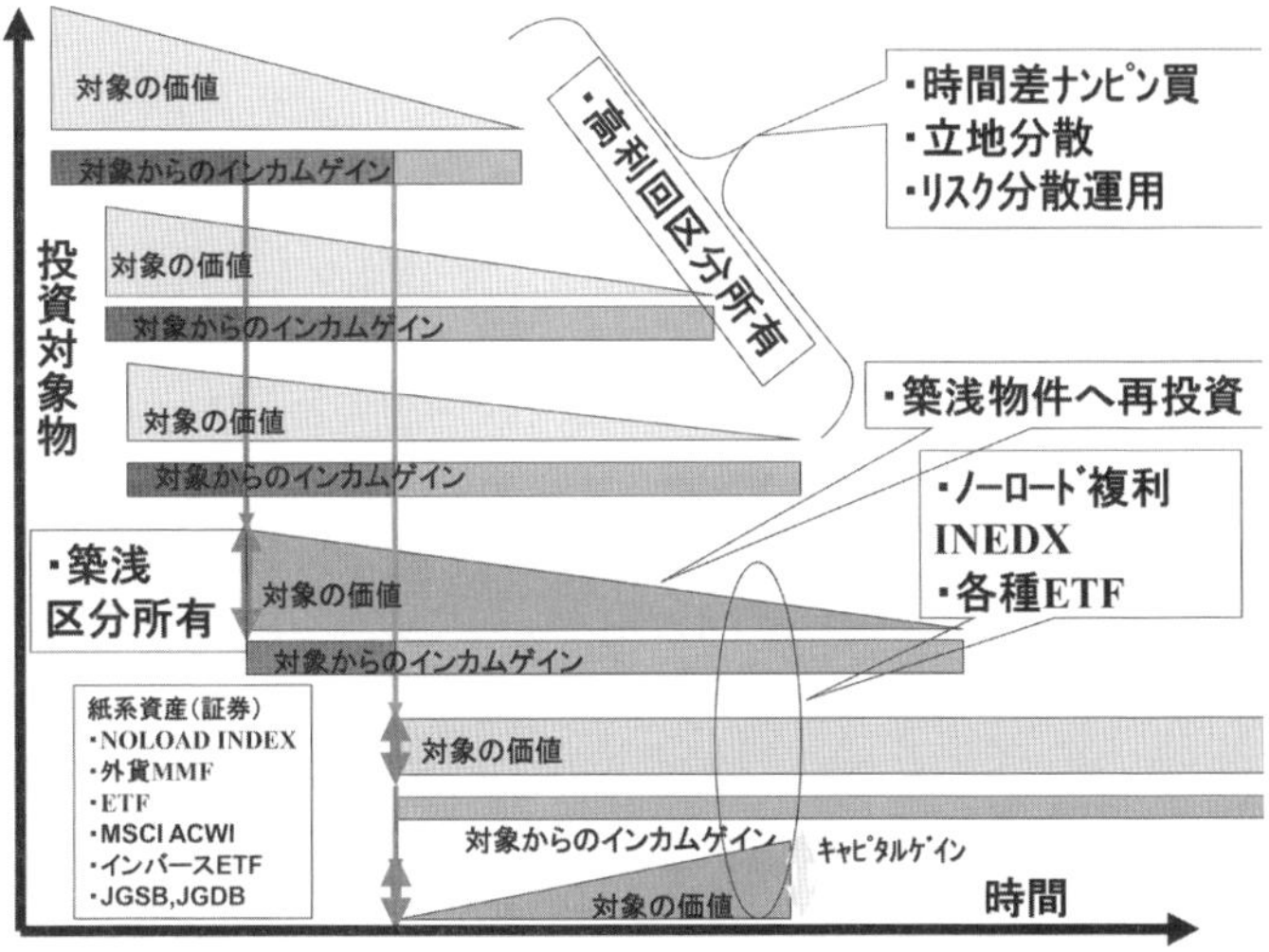

も喜んで受け取ってくれました。

しかし、今は$も崩壊しています。現時点で、私は素人にも手軽な外貨MMFを使い、資源先進国である豪$の比率を増やしています。

人類はインフレで成長し、各国通貨は紙で、価値の相対評価でしかないのですから、価値が目減りせず、日銭を生む「もの」を選んで持つしかありません。

終章

中古マンション投資が与えてくれたもの

私は46歳の時、電気通信メーカーをリストラ退職となり、IT企業へエンジニアとして再就職しました。

本書執筆時55歳を迎え、若手のパワーとハイテクに押され、営業職となりましたが、エンジニアの職種で現役を続けたく、電気設備関係に、再び会社を変わりました。そんな自身の体験から、サラリーマン生活と日本社会、投資との関係を読者とともに考えてみたいと思います。

1 現役サラリーマンの最適投資戦略研究

本書を最後までお読み頂きまして、誠に有難うございました。

初版本の終章は、ほんわかウェットな感じでしたので、本書ではクールな客観的分析調に纏めてみました（笑）。

前書きでは、資本主義の歴史的仕組を検討しましたが、人類はより豊かになりたいという本能と欲望に支えられた、これ以上の経済システムを、地球上で当面は持ち合わせていません。

だとすれば、この資本主義の土俵の中で、色々な歪からご自身の将来を守り、幸せ

図1　20世紀型20歳代正社員のバランスシート

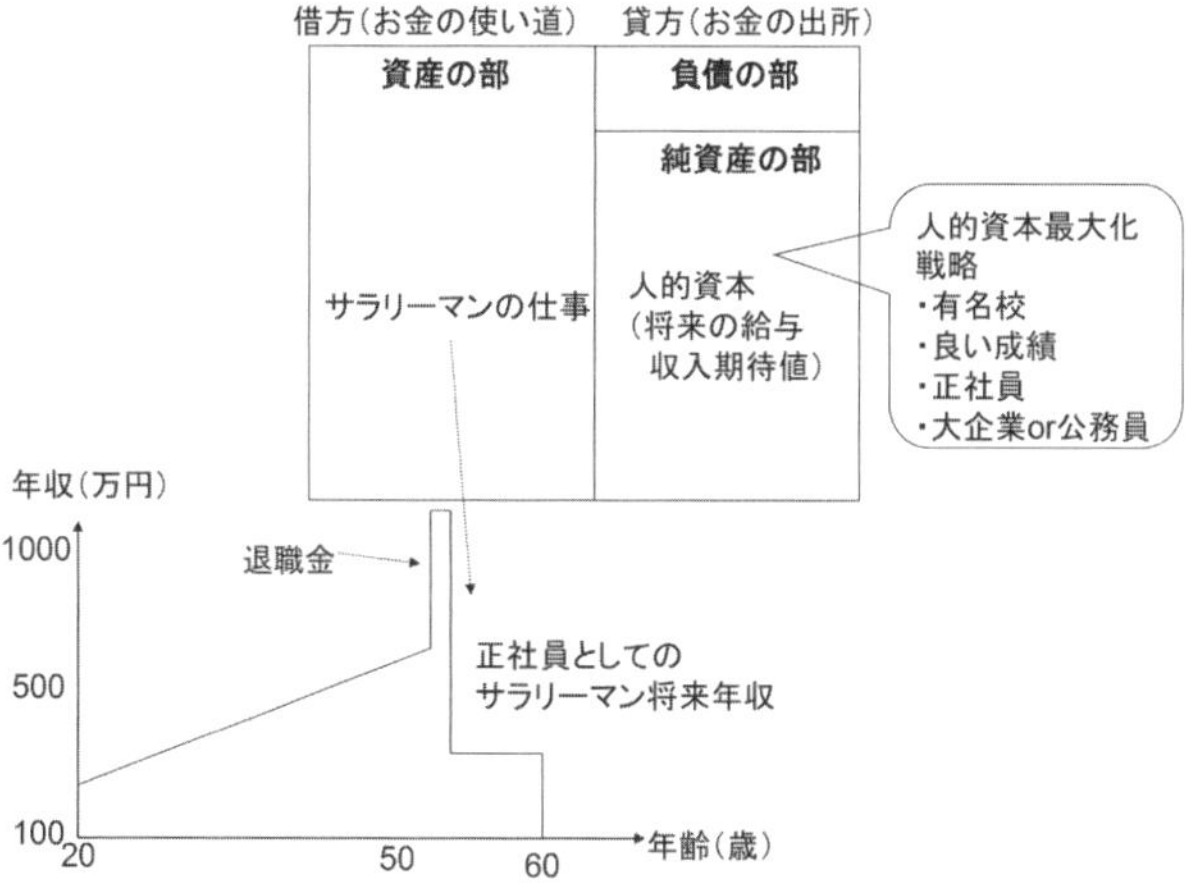

を実現するために、各自が最適ポジションを取るしかなさそうです。

現在ニッポンには、正社員になりたい若者が溢れています。一方で、正社員の現役サラリーマンは、アーリーリタイヤを経済的自立で獲得すべく、投資熱が旺盛です。同時に40～60歳代男性の経済苦による自殺者数が、ここ1～2年で急増しています。これらのギャップを分析することで、生き方と投資の戦略が紐解けるかもしれません。

●サラリーマンをバランスシートで分析してみる　～世代間格差と雇用形態格差～

図1は20世紀、年功序列型の20歳代サラリーマンを貸借対照表（バランスシート）で表した図です。人間をお金の面だけで評

価するのは不謹慎だ。という道徳的問題は抜きとしましょう（笑）
私の様な理系人間には苦手なバランスシートですが、「右側がお金の出所」、「左側がその使い道」で、左右はいつもイコールと理解すれば良いでしょう。
資本主義とは、バランスシートの「資本の部」から出たお金を「資産の部」へ投入し、如何に短時間で、この四角形の面積を大きくするかのゲーム（営み）と考えられます。「資産の部」が生み出すキャッシュフローを「資本の部」へ再投入することで、このブラックボックスが膨張するのです。
「負債の部」に借金というカンフル剤を注入すると、この営みに「レバレッジ」というターボチャージャーがかかり、入ったお金がより早く大きくなり、この四角形が加速度的に拡大します。

●正規雇用なら20歳サラリーマンも将来は明るい

図1の左側は20世紀型、年功序列が将来約束されている給与です。これに投資するための最適戦略は右側の人的資本、つまり自分自身をこのポジション確保へ向け、最適最大に性能アップすることでした。学校で良い成績を取り、一流大企業か官公庁へ

図2　現代の20歳代非正社員のバランスシート

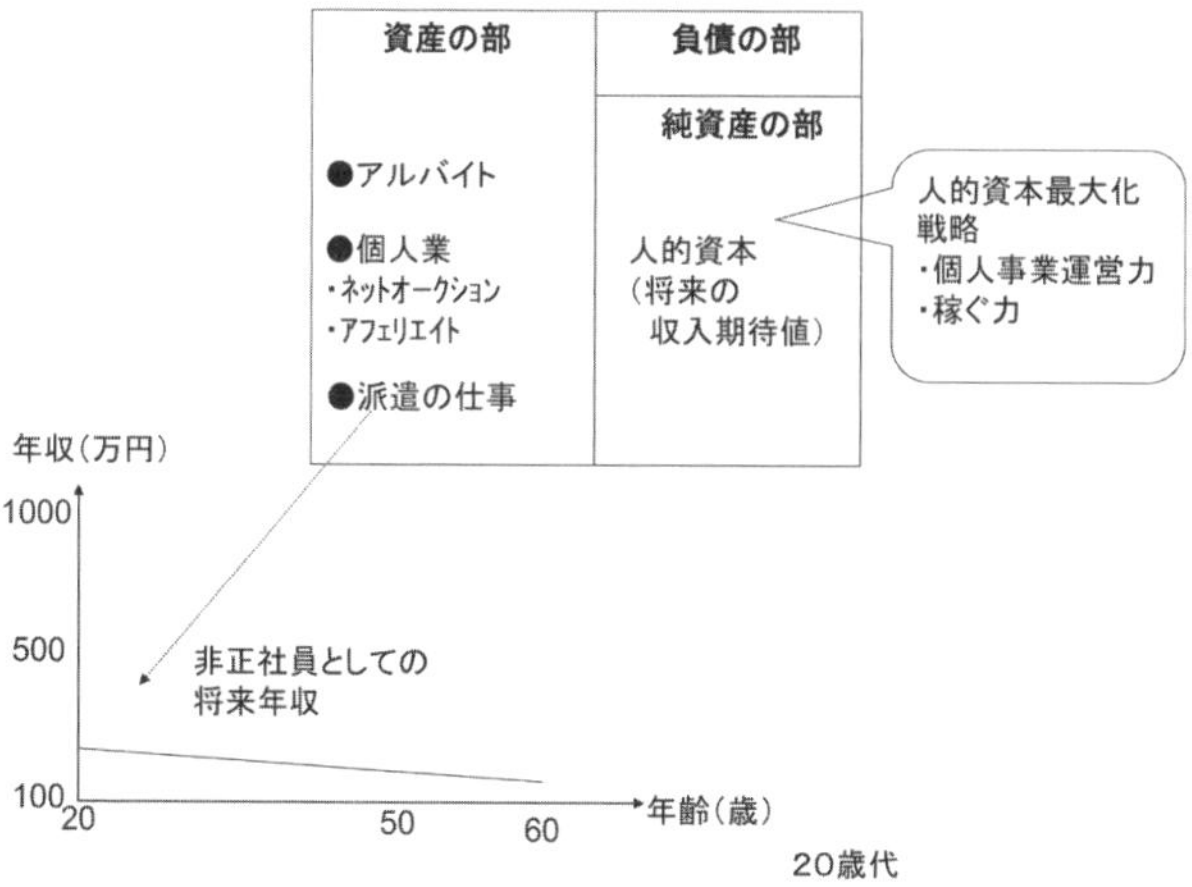

就職する。若者が持つ将来時間と、将来収入から、これが最も合理的でした。

●非正規雇用の若者は戦略転換が必須

一方、図2は現在若者のバランスシートです。

左側、資産の部の非正規雇用者給与の将来価値は微々たるものです。これは後述する現在ニッポンの階級社会システムにより、**本人の人的資本とは無関係に決まってしまいます。**いきおい、これを補う戦略は、一つ一つが小額でも、**資産（仕事・事業）を複数持つことです。**特定の事業主に（副業禁止規則等で）拘束されず、自由に自己資本を最大発揮し、リスク分散しつつ総額をアップするしかないのです。

この資産運用戦略を最大化できる右側の

人的資本は、試験で良い成績をとることではありません。良い成績をとっても、非正規雇用の、小さな資産（仕事）にしかなりません。**複数の個人事業を運営する「稼ぐ力」**が必要なのです。これは今の日本の教育カリキュラムにはない、大きな歪です。

例えば、就職浪人の後、10年間海外を放浪した青年が、大企業や官公庁に職を求めて面接を受ければ、その印象は極めてネガティブです。しかし、同じ青年が個人で法人を設立し、代表取締役の名刺を出して、「海外生活を体験後、帰国して事業を起こした」といえば、起業家からは、今時の若者にしては気骨があると評価されるでしょう。

●不動産投資を人間バランスシートから評価してみる

ここで図3を見てみましょう。これはサラリーマンから、専業大家さんになった人のバランスシートです。

左側の資産は、仕事から不動産（家賃＋物件価値）へ、**右側の資本は、人的資本から借入金へ置き換わります。**（ローンを使った場合）

このバランスシートを**公務員や大企業サラリーマンの若者が見れば**、安定した仕事という特権的な資産と自分の将来人的資本を同時に捨てる**大きなリスク**と見えるで

図3
20歳代でサラリーマンから専業大家さんになった人のバランスシート変化

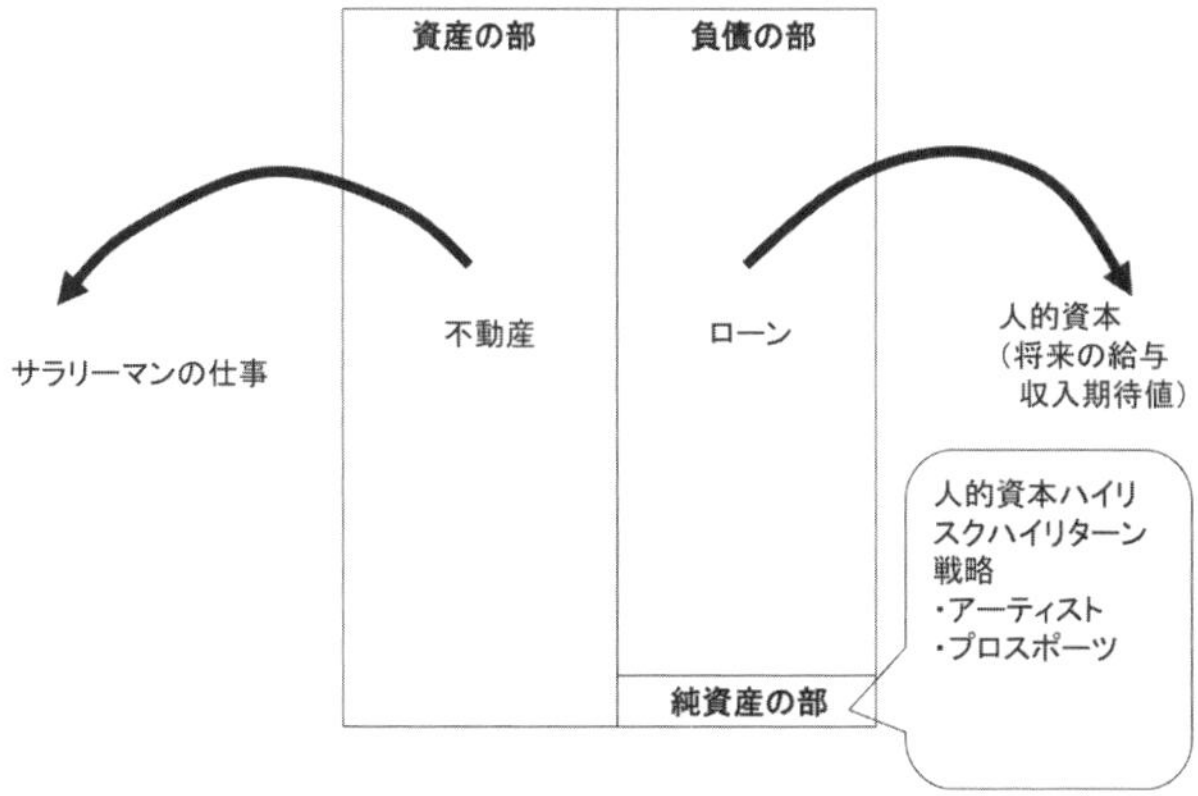

しょう。一方、**非正規フリーターの若者が見れば**、失う物が無い上、借金という大きな資本が増えた上、不動産という現物資産が手に入る**魅力的な戦略**です。（属性が不利なフリーターがフルローンを引けるか？　という現実問題はありますが）

それぞれの**ポジションによって、全く異なった評価**となります。

後は、この**資産や資本の好みの問題**となります。つまり、今の仕事が好きか？各自がどんな人的資本（スキルや才能）を持っているのか？　ということです。

金融市場への投資は、その価値が金銭の多寡のみで一元的に評価されます。

図4　20世紀型50歳代正社員サラリーマンのバランスシート

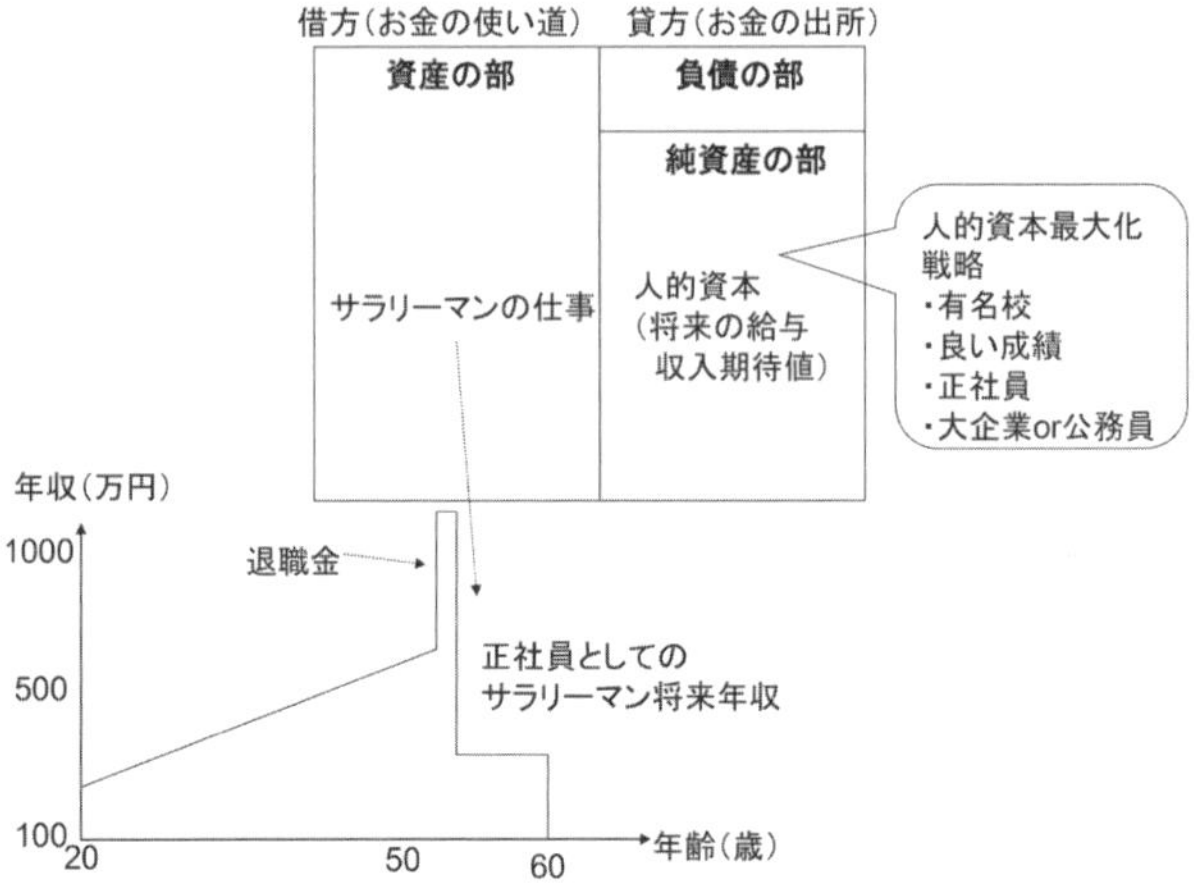

大損したけれど、すばらしい投資は、意味がありません。（勉強代という価値は別とすると）

しかし、人的資本への投資は金銭以外のさまざまな基準があり、一文にもならないけれど、楽しい仕事というのはありません。人的資本を最大化することは、単にお金をより多く稼ぐことだけでなく、その人にとっての満足度を一番大きくすることも選択肢となるのです。

●実家に住む正社員50歳代サラリーマンは経済的に安泰

図４は比較的恵まれた（親代々の実家に住んでいる大企業や公務員の）50歳代サラリーマンのバランスシートです。人生の前

図5　現代の50歳代サラリーマンのバランスシート

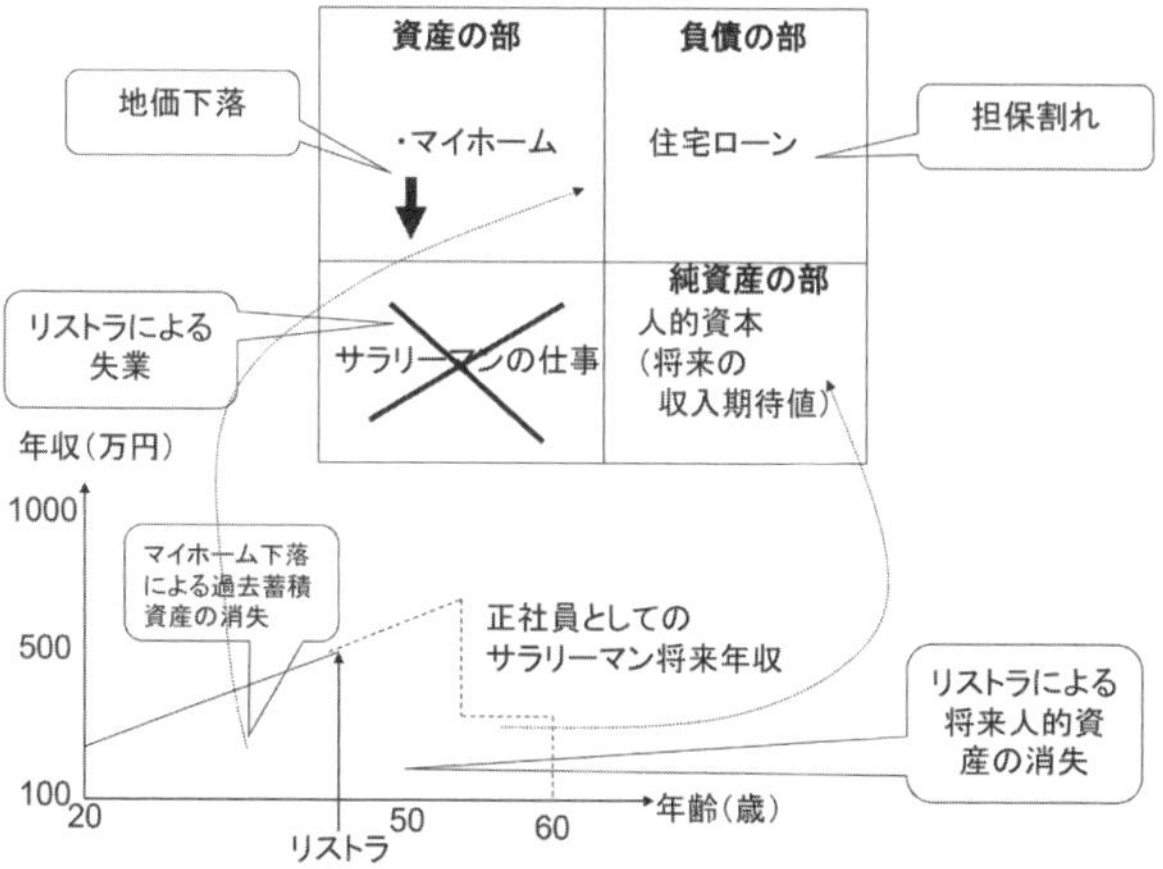

半は経済成長下のニッポンで働き、資産のうち労働力という人的資本（元手）を、給与から金融資産に形を変えることができました。残りは既得権である正社員の仕事という将来資産が残存しています。ここで注目すべきはマイホーム購入が不要だったことです。

●50歳代、持ち家&リストラサラリーマンの悲劇

図5は同じ50歳代のサラリーマンでマイホームを購入した人のバランスシートです。**手持ち資本の大半を資産のマイホームに変えてしまった**ので、四角形全体がバブル崩壊以降、いつのタイミングでも**縮小を続けています。**一方、借金（住宅ローン）

は変わりません。

その上、何度かの経済ショックでリストラに合っていれば、仕事という資産もゼロになっています。つまりバランスシートの左側が大きく毀損してボロボロなのです。それを挽回しようとしても、正社員には戻れず右側の人的資本はサラリーマンとして雇用される生き方に最適培養されており、前述の新社会ルールの仕様に合わず、人的資本を資産形成には生かせられないのです。

これほど大きなバランスシートの毀損は、生涯年収が2~3億円程度の普通の正社員は一生かかっても、宝くじか生命保険に頼る以外、挽回不可能です。

もし、私が収益不動産を持たなければ、恥ずかしながら、これにピタリと当てはまっていました。

2 社会歪のうねりの中で生き抜く

●いずれも投資法以前のニッポンの社会システム問題

この原因は、ニッポンの社会システムにあります。仮に行政が、欧米各国のように失業者の転職スキルプログラム等を実施しても、企業は正社員の既得権を保護するため、いわゆるクリエイティブクラス（フランス語ではグランゼコール）もルーチンワーカー（フランス語ではカードル）も正社員なら待遇に大差は付けられません。そのため、**人件費総額に限界があり、高い人的資本を持ったクリエイティブクラスも途中採用は非正規社員でしか雇えない**のです。

エンジニアでいえば、自社の業種転換などで、好きな専門分野の才能を発揮出来なくなれば、専門能力がマッチングする他社へ移るのがベストです。しかし、年功序列ニッポン企業のシステムでは、年収が大きくダウンするため、自社に留まらざるを得ず、気軽なルーチンワークのマックジョブは賃金の点で許されません。人件費に見合う、クリエイティブな苦手異分野の仕事を大きなストレスを抱えながら続けざるを得ないのです。これは職場の人間関係等で悩む正社員や、子育てや介護で、数年間だけは、お金よりも時間が欲しい、軽負荷のマックジョブやカードルを望む正社員も、欧米のように自在に切替できず、日本では辞職するか、非正規社員になるしかありません。

中高年の正社員は、そこに留まり苦しい仕事を続けるしかなく不幸、辞めれば貧困。そのため、若者は正社員の空席ができず不幸、両者が八方塞がりのストレスだらけです。社員の鬱病対策にカウンセラーや臨床心理士が駐在しても、制度の根本解決が成されない限り、対処療法でしかないのです。（この発言、企業内ではタブーです。）
以下は、USとUKで2社、数千人規模の半導体企業のCEOを勤める、大学時代サークル（電気工学研究部）の旧友へ、本書執筆中に、iphoneのFaceTime（Wi-FiネットTV電話）で聞いた彼の本音です。

「クリエイティブな仕事も、マニュアル作業時間対価の仕事も、同じ処遇で縛る悪平等が、日本の成長を制限していると感じています。仕事の質、利益貢献度を無視している限り、日本の復活はありえません。」

この10年で成果主義の賃金評価制度構築にことごとく失敗したニッポン企業がやるべき事は、正社員と非正規社員で給与格差を付けるのではなく、クリエイティブクラス（グランゼコール）＝青天井成果年収、とマックジョブ（カードル）＝定額年収と、仕事のスキルで待遇を分けることで、人件費総額を減らし、正社員が好きな条件で流動できる制度構築です。これができれば人的資本の流動化が改善できるはずです。まあ、大量の既得権正社員の出血を強いるため難しいのでしょう。
ですから、一旦、図5に転落すると、特に40歳以上の毀損したバランスシートは永

図6 収益不動産を持つ50歳代正社員サラリーマンのバランスシート

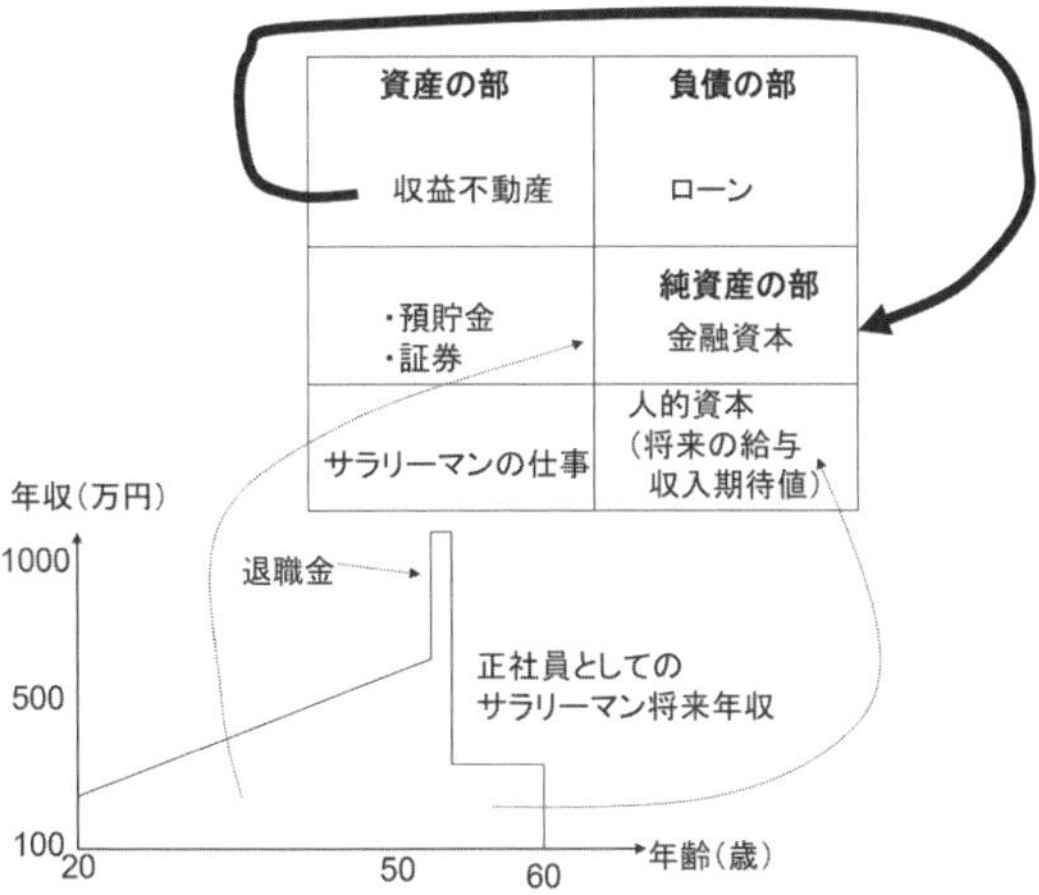

久に回復できないのです。

同時に、先の図2のように新卒時、正社員の資産を手にできないと、バランスシートの四角形を生涯拡大できません。

人生のいつ就職・転職し、図1の「資産の三角形」が途中何処で切れても、再度繋いだ時点で、その人が持つ人的資本の価値のみを根拠に、それに見合う面積で、きっちり戻る雇用流動化システムが必須なのです。

そうはなっていない今のニッポンでの最適戦略はどうすれば良いのでしょうか？

●自己防衛の一つは収益不動産

一方、図6はサラリーマン人生の途中で収益不動産を左側の資産に組み入れたバランスシートです。

左側の資産に収益不動産があれば、負債とのバランスが適切なら、そこからのキャッシュフローを右側の資本へフィードバックしてバランスシートの四角形を拡大できます。

不動産投資の能力を活用して、マイホームのローン負担（キャッシュフローを生まない負債）がない仕組みが構築できれば、（賃貸兼用住宅等）その分、金融資本を確保できます。

更に、労働資本を、給与として金融資本に変えて預貯金、証券等の資産で持てば、リスク分散ポートフォリオになりますし、融資を引く場合の「見せ金」としても生かせます。

一方でサラリーマンを継続していれば人的資本を生かし、将来の仕事=資産が「与信」にもなり、負債としての資本調達がやり易くなります。

四角形の拡大の速度が遅くても良いなら、負債をゼロとすればバランスシートはより強固になります。金利を銀行の株主たる資本家へ貢ぐ必要がなく、いわば資本主義のバーチャルマネーに振り回されない、地域通貨社会で暮らすような、心安らかな投

図7　70歳代のバランスシート誰もが投資家になる

資産の部	負債の部
・収益不動産 ・現金 ・預貯金 ・証券	**純資産の部** 金融資本

資生活が送れるでしょう。

自分自身の人的資本がサラリーマンに最適化しているなら、**その資産へ労働力注入して、そこから給与のキャッシュフローを得る。それを元に区分物件に現金投資しながら、他の金融資産へ分散してポートフォリオを少しずつ大きくして行く。**

という方法は、時間はかかりますが、サラリーマンを継続するなら、一つの有利で着実な戦略であると、これらの図から分析できます。

図7は70歳代のバランスシートです。人は皆、最後は金融資本だけで生きる投資家となります。（人的資本がゼロになるため）その際は、預貯金、証券、不動産などの資産からのキャッシュフローだけで生きることになります。（年

金が無いすとれば）若いときから投資のセンスを磨いておく必要がありそうです。

●欧米流アーリーリタイアはニッポンの環境とシステムを理解してから

ニッポンのシステムでは、欧米とは雇用の仕組みが全く違います。早期リタイヤで毀損した人的資産は2度と戻りません。欧米よりリスクが遥かに大きいのです。退路を断つ、熟慮と準備が必須です。**サラリーマンは安定の代償として、何より大切なご自身の時間と労力という資本を捧げる必要があります。だからこそ、仕事という資産の内容に意義を見出せ、満足できるかが重要です。**

元祖サラリーマン大家さんの藤山勇司先生にお会いする度に「サラリーマンは続けて！　兼業大家は課長代理で社長の年収。」と何度もアドバイス頂きました。

これに私自身を当てはめてみますと、ニッポンの仕組みが大きく変わる過渡期に、自分のポジションがどうだったのか？改めてよく見えました。**皆様もご自身のバランスシートを描いてみられてはいかがでしょうか？**

それを参考にして、今後の不動産投資、資産運用をどのような戦略で展開して行くのか検討なされば良いかと思います。

ぜひ、その目的は、現状逃避ではなく、ご自身の夢の実現の為であることを願っています。

3 ニッポン財政破綻ハイパーインフレから資産を守る

●今日すぐ何ができるか？

読者のもう一つの心配は、ニッポンの財政破綻かと思います。

国と地方自治体の借金が1400兆円にも拡大し、円が大暴落、ハイパーインフレが来るのでは？　そのため、ご自身の資産も暴落してしまうのでは？

不動産は長期的にはインフレには攻すると、歴史が証明していますが、そのスピードはハイパーインフレ時の実生活防衛には追いつきません。

そのため、国内の円建個人資産の海外シフトが大きな潮流になっています。最近は海外不動産投資もブームになっているようです。

しかし、私のような普通のサラリーマンが香港やシンガポールに海外口座を開設に行ったり、ニュージーランドの不動産を買ったり、タイやマレーシアに第2の安住の地を探しに出かけるのは時間の点で今すぐは困難です。

今日すぐに出来ることは、ネット証券等を使い、ニッポン財政破綻をヘッジできる紙系資産を持っておくことでしょう。

これは、不動産（土地の無い区分物件）を持っている大家さんの資産分散ポートフォリオとしても有効です。

●地球上の森羅万象の価格指数をホールドしておく

私のような経済音痴の理系エンジニアが、少ないリスクで上記に備える合理的な方法は（パフォーマンスは低いですが）**ETFやノーロードINDEXファンドが理論上は合理的**と判断し実行しています。

（オプション取引は理論的には暴落をヘッジできますが、あの難しい伊藤の理論やブラックショールズ式を私の頭では到底理解できませんので、怖くて手が出ませんし、期限の決まった先物売買や空売りは追証が怖くて度胸がありません（笑））

そこで、ここ1～2年で、従来はニューヨーク証券取引所でしか売買できなかった**様々なETFがやっと東証へ上場し、円建てで売買できる**ようになってきたのに注目しました。

前著でご紹介の通り、区分物件のリスク分散として、リーマンショック前から

MSCI WORLD STOCK（日本株除く）、TOPIX等（この2つで全世界の先進国株式市場に投資していることになります）のノーロードINDEXファンド、金属や商品のETFを定期的に小額ずつ購入し、上がれば売ってきました。これをアベノミクスの現時点で含み益は利食いしています。パフォーマンスは落ちますが半額程度をキャッシュとナンピン売買・シーソーしながらホールドすれば良いと考えて実行しています。

●ニッポンの森羅万象の指数暴落をヘッジする仕組みを持っておく

ホットな話題は、東証のETFに、相場が下がると価格が上昇する、いわゆる**ベア型ETFが上場**したことです。（アメリカのETFでは数限りなくありましたが売買のコストと手間を考え、東証ETFへの上場を待っていました）本稿執筆時点では**日経225とTOPIXのそれぞれマイナス1倍指数**だけです。アベノミクスでバブリーにTOPIXが急騰している今、この2本は暴落しているので、少しずつ購入し始めました。これで日本株大暴落（時は値上がりするので）をある程度はヘッジできます。無期限、小額の現物であることが私の様な素人には何より安心です。（レバレッジが大きい商品は、相場がボックス圏で長期間揉み合う程、損失が拡大する設計になっているベアファンド独自の欠点もあります。プロ並みの力量ある投資家はオプション先物

を直接ハンドルするのが理論的には有利でしょう）

円暴落に備え外貨MMFを持っていますが、昨年から**東証ETFにMSCI ACWIが上場**されました。これはMSCI KOKUSAI INDEX（日本株指数を含まず）に新興国の株価指数を加え、更に**全通貨に中立**なので、円が暴落しても、理論的にはこれ**1本で株と為替のニッポン大暴落をヘッジ**できます。（日本株暴落で全世界株もつられて暴落すればダメですが、人類が存在する限り、何時かは回復するはずです）

紙面の都合上、省略しますが、国債についても、日本国債暴落時には、値上がりする、ニューヨークの**日本国債ベアファンドJGBS,JGBD**等が私のような素人サラリーマンでも手軽に売買できる（前述の商品設計の短所には注意）、東証での上場を待っています。

●収益不動産と地域の縮小モデルの紙系資産を分散して持つ

日常のサラリーマン生活の中で、区分物件投資と同じように、**今日からすぐ、手間と時間をかけずに実行できる**紙系投資として、私が現在実行しているポートフォリオをご紹介させていただきました。これでニッポン財政破綻をどこまでヘッジできるかは、読者も私も自己責任です。しかし、リスク分散の資産ポートフォリオの一環としては有効と考えられます。

これでも心配な場合は、先のバランスシートで得失を更に研究し、専業大家さんとなって、サラリーマンの時間とお金の呪縛から開放されて、海外をご自身の足で実地調査なさる戦略になるでしょう。

何を選択するかは、失う物と得られるであろう物、全てのリスクと期待リターンのバランスから判断するしかありません。

不動産投資家　沢孝史氏　より本書推薦のお言葉

とても大切なことなので最初に質問します。

大型書店でしたら、この本の他にも類書があると思います。

もしかしたらあなたは数冊の本を手にとったあと、今、この本を見ているかもしれません。

いろいろな本を見て、どれが良いか比較検討することはとても良いことですね。

では、何を比較すれば良いのでしょうか。

・わかりやすいことですか。

・専門知識が書いてあることでしょうか。

・著者の肩書き、題名？　表紙のデザイン？……

いろいろな選び方がありますね。

でも、一つだけ、大切なことを忘れないでほしいのです。

その本は「あなたのため」に書かれた本なのですか。

私は2004年から不動産投資の本を数冊出しています。

当時、類書はまだ数えるほどしかありませんでした。今思えば素朴で実直な内容が多かったように思います。

今は溢れるほど、本がでていますね。乱造されていると言っても良いでしょう。

良い本も多いのですが、中にはセンセーショナルな題名で投資を煽るようなもの、投資経験が乏しく、自分のブランディングのために他の本やセミナーからコラージュして作ったもの、さら悪質になると読者を自分の商売に引き込もうと意図しているものまであります。

もう一度言います。

その本は「本当に」「あなたのため」に書かれた本なのですか。

本書の著者　芦沢晃さんは、正真正銘、現役のサラリーマンです。収入は給与所得と投資によって得られた不動産所得、そして、本書が売れればわずかばかりの印税（本当にわずかなはず）、それだけで一家を養っている方です。

そんな芦沢さんが本書を書いた動機、それは、

「厳しい経済環境に置かれながらも、同じように家族をささえ、社会を支えているサラリーマンをはじめとする皆さんに、自分の投資経験を伝えたい」この一点だけです。

その投資経験とは16年間34室に及ぶ区分マンション投資です。

その実績報告だけでも貴重ですが、今も現役エンジニアとして活躍している著者ならではの持ち前の分析力によって、さらに経験的数値データにまで昇華させ、得失両面、データと実験値から、「包み隠さず真実の姿（本文より）」を明示しています。

なぜ、そんな貴重な情報を本書で公開するのでしょうか。その答えも本文にありました。

働く意味とは、きっと、心から「ありがとう」と感謝される仕事、そこに本質があるように思います。それが、サラリーマンとしての仕事でも、大家としての仕事でも、他の事でも、良いのだと思います。

本書を手にとっていただいた方から「心から「ありがとう」と感謝される」こと多忙な日々の中、芦沢さんが本書を書き上げてくださったのも、そんな理由からなのでしょう。

本書は本当にあなたのために書かれた真実の本です。

本書はどこにでもある一冊の本に見えるかもしれません。でも「事業でも、サラリーマンでも、ご自身がやりたいことを、やりたいように生きることをできる（本文より）」今までの生活を一変させる可能性を秘めた本なのです。

本書が一人でも多くの方に読まれることを切望します。

沢　孝史

あとがき

本書を最後までお読みいただきありがとうございます。

最後に私の不動産投資の目的をお話しさせていただきます。

大きな目的、いえ、ほとんど全ては、その日々のキャッシュフローで家族を守るためです。その中で、最もお金がかかるのが、**13年目になるアルツハイマー病の母親の在宅介護**です。

・百年経っても変わらぬ現役サラリーマンの介護事情

現役サラリーマンの介護の苦悩は体験しないと分かりません。私が拙い百語を尽くすより、以下の事例で読者にイメージ頂けると思います。

作家、藤沢周平氏の小説に「たそがれ清兵衛」という作品があります。映画でもご覧になられた方も多いことでしょう。

呆けた母親の介護の為、淡々と、お城のお役目を果たす毎日。しかし、誰も知らない剣の腕は、戸田流小太刀の師範代で、一刀流居合いの大刀相手に、懐深く一撃で切り込む程の使い手。その腕で親友の命を助けた故に、宮仕えの、望まない無理難題の真剣勝負の藩命を、お上から授かります。

これで清兵衛は有無を言わさず、命のやり取りへと追い込まれてしまいます。その真剣勝負に辛うじて勝ちますが、3年後に、戊辰戦争で賊軍となった海坂藩士（庄内地方をモデルとした架空の藩）として戦い、官軍の鉄砲に打たれ戦死を遂げます。明治維新で出世した旧友たちは、そんな「たそがれ清兵衛」のことを「不幸な男だった」といいます。

しかし、語り部である清兵衛の娘は「愛する家族と共に、短くも充足した人生を過ごした、父を誇りに思います」と、物語を結びます。

私は清兵衛のような秘伝の腕は持ち合わせてはおりませんが、長いサラリーマン生活で、無理難題に突き当たる度に、いつも「たそがれ清兵衛」を思い出して、母の介護を続けてきました。

もし、今も清兵衛が生きていて、私の同僚なら、耳元にそっと小さな声で、

「呆けた親を診る宮仕えは、江戸も平成も、変わりはせんな。」

とボソッと言ってくれそうな気がするのです。

・介護に必要なのはお金&プラスα

そんな介護の毎日で、ある日、眼から鱗のアドバイスをしてくださった方がいました。私が生涯尊敬する、邱永漢先生です。先生は多くの方が師匠と仰ぐお金儲けの神様ですが、昨年、88歳で他界なさいました。毎日更新されるブログが止まった日、とても胸騒ぎがしたのです。そのブログが糸井重里氏の「ほぼ日刊糸井新聞」から独立して間もない頃、まだ投稿もまばらだったので、先生の「ハイQ人生相談室」に、思い切って仕事、介護とお金の相談をしてみました。すると、すぐにご丁寧なアドバイスを頂けました。

・ご自身のお母さんのことだから不憫であるお気持ちは分かる。しかし、最後までは自分で診きれるものでは無いから、いずれは施設の様な所に預けることを考えること。

・代替案は、診てくれる人を雇って家に住まわせれば、あなたの心も満たされるだろうし、お母様にも納得できる最高の介護をしてあげられる。

私はこのアドバイスで頭をバットで一撃されたほどのショックを受けました。

介護保険点数枠、云々に拘っていた自分は、何と小心者なのでしょう。

先生のこのスケールの大きな、既成枠に囚われない柔軟で確固たる発想！

確かに、月収20数万円で施設に勤めていらっしゃる介護士のかたに、倍の月収40万円を払い、お二人、我が家に来て貰い、お一人一部屋の専用1Rに無料で住んで、12時間交代で母をずっと見守って頂く。月額80万円と1Rが2部屋。これなら今すぐ実行できます。或いはご事情があってナースを退職なさり、医療の資格と心得がある方なら尚、安心というものです。


老後に備えた不動産投資がブームですが、私の場合、母の介護を毎月の不動産キャッシュフローで、今現在、実現できていることは、将来、自分の老後資金の実証実験にもなっています。

・理想郷との出逢い

よしっ！　だけれど、そういった人探しの人脈をどうしたものか？

意外にも、青い鳥は身近な所に居たのです。

同じ町内で、私が最初に賃貸物件としたマンションの隣に、グループホームが開設されました。その女性社長Sさんが、ご自身のお祖母様とお父様の介護をするため立ち上げ、地域の方を受け入れてくださったのです。

S社長さんは土地を病院へ貸していました。それを二分して、半分をグループホームにリノベし、自宅も隣接したのです。定員18名にスタッフ30名以上、夜間も、自宅が隣接するS社長さん他、4～5名体制で泊まっています。

なぜ、こんな潤沢な介護体制が取れるのか？　それは、S社長さんは、他に10社もの小さな会社（法人）を近所で経営なさっているからです。**資産運用や節税目的の家族法人などではなく**、施設へ布団を貸出す事業、ホーム用の無農薬のお米や野菜を作って自ら流通する法人と、**地元の人たちが喜ぶことを事業化している**のです。宿泊職員は、東日本大震災で家を無くした介護士の方や、船を失った船員調理師さんを受け入れ、まかない付きで住まわせています。

ここでは、私も知り合った多くの方の御最期をお見送りしましたが、その亡き後、ご家族の方々が自ら進んで職員になっていらっしゃるのです。九州から住み込みで介護士資格まで取得したご家族も居ます。いわずもがなです。

邱先生が私に下さったアドバイスを、一回り大きく法人化して実践しているに他なりません！

あとがき

S社長さんの大志は、

「地域の人に役立つ事業を基礎にして、このホームで、介護の悩みを抱える人達が集い、何でも話せてほっとする。そんなユートピアを作りたい。」

このお話で、一涼の感動の風が私の中を通り過ぎました。**ご自身が経営する10数社の法人を、このグループホームをゴーストマネーから守る為の防波堤＝ファイヤーウォールとして、地域介護の独立国を築く、理想郷とされている**のです。

まさに、**序章に書かせて頂いた、地域通貨ワールドの具現化**です。


その小柄なお姿の何処に、これほどのパワーがあるのか？　何より**ご自身が一番やりたいことを実践できているからでしょう。**そんな輝いているS社長さんの笑顔に接する度に、介護の疲れも忘れ、本当に癒される日々です。

介護は、老後資金だけでは、もどうしようもなく、今の日本の仕組みでは、S社長さんが築いたようなユートピアが必須なのです。自分の子供を「たそがれ清兵衛」にしないためにも・・・。


私自身はこの春から55歳の手習いで、ＩＴ会社の営業職よりも、現役エンジニアの道を選び、電気設備会社でサラリーマンとしての新たな一歩を踏み出しました。そんな早朝・深夜の満員通勤電車の中と、帰りに立ち寄る、グループホームの母のベッドの横で、モバイルPC片手にこの本を書きました。

皆様の1度だけの大切な人生が、幸福で充足するために、本書が僅かでも、お役に立てば、これほどの光栄はありません。

芦沢　晃

2013年5月末　飛燕より多忙に生きる日々の中で。

・不動産投資について勉強になるお勧めの書

「お宝不動産で金持ちになる」沢 孝史／著（筑摩書房）
「不動産投資を始める前に読む本」沢 孝史／著（筑摩書房）
「インターネット起業入門」坂口直大、沢 孝史／著（かんき出版）
「エクセルでドカンと築くお宝不動産」沢 孝史、松井 幹彦／著（技術評論社）
「儲かる新築アパートの作り方」沢 孝史、佐藤 直希、倉茂 徹／著（筑摩書房）
「借金パワーで金持ちになる」沢 孝史／著（筑摩書房）
「40代からの堅実不動産投資」沢 孝史／著（ごま書房新社）
「サラリーマンでも大家さんになれる46の秘訣」藤山勇司／著（実日ビジネス）
「全国どこでもアパート経営」寺尾 恵介／著（筑摩書房）
「儲かる大家さん実践バイブル」大家さん学びの会／著（日本実業出版社）
「みんなが知らない満室大家さんのヒミツ」寺尾 恵介、工藤 一善／著（ぱる出版）
「ゼロからの不動産投資」赤井 誠／著（すばる舎）
「逆算で夢をかなえる人生とお金の法則」北野 琴奈／著（筑摩書房）
「元手300万円で資産を永遠に増やし続ける方法」松田 淳／著（ぱる出版）
「家賃収入が月収を超える」広瀬 智也、内海 芳美、東田 光陽／著
（ソフトバンククリエイティブ）
「ムリなし不動産で家族しあわせ！」内海 芳美、石井 由花、加藤 千春／著
（ごま書房新社）
「リノベーション投資のヒミツ」内海 芳美／著（アスペクト）
「アパート投資の王道」白岩 貢／著（ダイヤモンド社）
「新築アパート投資の原点」白岩 貢／著（ごま書房新社）
「親の家でお金持ちになる方法」白岩 貢／著（アスペクト）
「出口から見る収益不動産投資」和合 実／著（清文社）
「収益不動産所有の極意」和合 実／著（清文社）
「リスク分散型不動産投資術」JACK／著（ごま書房新社）
「中古マンション投資の極意」芦沢 晃／著（筑摩書房）

・人生とお金について考えるお勧めの書

「お金のエッセンス」邱 永漢／著（グラフ社）
「雨の降る日曜は幸福について考えよう」橘 玲／著（幻冬社）
「ホントは教えたくない資産運用のカラクリ」安間伸／著（東洋経済新報社）
「ユダヤ人大富豪の教え」本田健／著（大和書房）
「やりたいことは全部やれ！」大前研一／著（講談社）
「ウォール街のランダムウォーカー」バートン・マルキール／著
（日本経済新聞出版社）

著者略歴

芦沢　晃（あしざわ　あきら）

1958年、借家住まいのサラリーマン家庭に生まれる。

1983年、都内某大学大学院で電気工学を専攻。電気メーカーへ入社。新製品開発・設計、新規事業プロジェクトの実務を担当。

1989年、自宅中古マンションをローンで購入。

1995年、住替えで担保割れ売却不能。自己資金1500万円を失い、借金が1500万円残る。自宅賃貸をきっかけに、手探りの不動産投資をスタート。その後、中古賃貸マンションを1部屋づつ時間をかけて再投資。

2004年、課長職を最後にリストラにより46歳で指名定年解雇。

同年　某IT企業で再度、現役サラリーマンエンジニアを継続。

2007年、サラリーマン不動産投資家として、お宝不動産セミナー参加をきっかけに、全国のサラリーマン大家さんと交流。

2013年、某電気設備メーカーへ転進。55歳にして最前線の現役エンジニアへの復帰を果たす。

現在、都心～京浜地区を中心に区分分譲マンション41室を運営。大家歴18年、手取り家賃収入は年間約2,200万円。

著書に『お宝不動産セミナーブック サラリーマン大家さんが本音で語る「中古マンション投資の極意」』（筑摩書房）。DVD『お宝不動産セミナー第7回　ワンルームマンション投資で年間800万円のキャッシュフロー！』（お宝不動産）『不動産投資ノウハウ完全版「8つの戦略」DVD』（楽待）も好評。

■著者所属『お宝不動産公式ホームページ』
http://www.otakarafudousan.com/

新版　中古1R《ワンルーム》マンション堅実投資法

著　者　芦沢 晃
発行者　池田 雅行
発行所　株式会社 ごま書房新社
〒101-0031
東京都千代田区東神田2-1-8
ハニー東神田ビル5F
TEL 03-3865-8641（代）
FAX 03-3865-8643
カバーデザイン　堀川 もと恵（@magimo創作所）
印刷・製本　倉敷印刷株式会社

ISBN978-4-341-08554-4 C0034

ごま書房新社の本

〜“10年で130棟以上”のアパートを建てた大家の結論〜

新築アパート投資の原点

専業大家　白岩 貢　著

【シェアハウス、吹き抜け型アパートなど激動のアパート投資最前線を知る!】
利回りも大事ですが、「儲け」を重視しすぎると、一番大事な部分が抜け落ちてしまい、長い目で見た時のリスクが膨らみます。
不動産投資といっても、その手法は様々です。どれが正しくて、どれが間違っているということではないと思います。ただし、著者は、これまでの経験から、「勝てるアパートをつくることができる」という自信と実績を築いてきました。
本書では、これから進むべく不動産投資、特に新築アパート投資のあるべき道をアパート投資のプロである著者の考えと経験に基づいてお伝えします。

1680円　四六版　204頁　ISBN978-4-341-08545-2　C0034